Hermann Paul

Methodenlehre der germanischen Philologie

Hermann Paul

Methodenlehre der germanischen Philologie

ISBN/EAN: 9783743315952

Hergestellt in Europa, USA, Kanada, Australien, Japan

Cover: Foto ©Thomas Meinert / pixelio.de

Manufactured and distributed by brebook publishing software (www.brebook.com)

Hermann Paul

Methodenlehre der germanischen Philologie

METHODENLEHRE

DER

GERMANISCHEN PHILOLOGIE

VON

HERMANN PAUL.

ZWEITE AUFLAGE.

Sonderabdruck aus der zweiten Auflage von Pauls Grundriss der germanischen Philologie.

STRASSBURG.
KARL J. TRÜBNER.
1897.

G. Otto's Hof-Buchdruckerei in Darmstadt.

INHALT

		Seite.
1. Allgemeines		159
2. Interpretation . .		178
3. Textkritik		184
4. Kritik der Zeugnisse		196
5. Sprachgeschichte .		200
6. Literaturgeschichte .		223

III. ABSCHNITT.

METHODENLEHRE

VON

HERMANN PAUL.

---

1. ALLGEMEINES.

§ 1. Die germanische Philologie bedarf natürlich keiner besondern Methode, die nicht auch auf alle andern Kulturgebiete anwendbar wäre. Sie kann daher die Erfahrungen verwerten, die auf diesen gemacht sind, und umgekehrt.[1] Unterschiede können nur insofern bestehen, als manches besondere Verfahren auf dem einen Gebiete mehr, auf dem andern weniger zur Verwendung kommt.

Man begegnet noch immer einer ablehnenden Haltung gegen alle methodologischen Erörterungen. Der gesunde Menschenverstand oder die allgemeine Logik sollen ausreichen, um alle Fragen zu entscheiden. Diese Ansicht ist leicht aus der Geschichte der Philologie zu widerlegen, welche zeigt, dass das heute übliche Verfahren erst allmählich nach manchen Irrwegen gefunden und als richtig anerkannt worden ist. Wenn man sich demungeachtet über den Wert einer Methodenlehre täuscht, so liegt dies daran, dass allerdings die Fortschritte der Methode nicht bloss, ja nicht einmal vorzugsweise in der Form von Lehrsätzen verbreitet sind, sondern in der Anwendung als Muster, die man nachgeahmt hat. So eignete man sich eine philologische Schulung an, ohne sich dessen voll bewusst zu werden. Wie wirksam aber und geradezu unentbehrlich diese Art der Aneignung sein mag, so entbehrt sie doch der sicheren Begründung ihrer Berechtigung und schützt nicht vor Verirrungen und Streit der Meinungen. Das Wesen der wissenschaftlichen Methode besteht eben darin, dass man genaue Rechenschaft über das eingeschlagene Verfahren zu geben vermag und sich der Gründe, warum man so und nicht anders verfährt, deutlich bewusst ist.

[1] F. A. Wolf, *Darstellung der Altertumswissenschaft* (Museum der Altertumsw. I, 1—145. 1807). Schleiermacher, *Über den Begriff der Hermeneutik* (Abh. der Berl. Akad. 1829 = Werke z. Philos. 3, 344 ff.) und *Über Begriff und Einteilung der philologischen Kritik* (ib. 1830 = Werke z. Philos. 3, 387 ff.). Boeckh. *Encyclopädie* § 16—37. Steinthal, *Über die Arten und Formen der Interpretation* (Verhandlungen der 32. Versammlung deutscher Philologen. 1878). Bücheler, *Philologische Kritik*, Bonn 1878. Wundt, *Logik* II (1883), Abschn. IV, Cap. 2. Blass, *Hermeneutik*

und Kritik (Müllers Handbuch der klass. Altertumswissenschaft I). Gröber, *Methode und Aufgabe der sprachwissenschaftlichen Forschung* (Grundriss der rom. Phil. S. 200 ff.). A. Tobler, *Methodik der philologischen Forschung* (ib. S. 251 ff.). K. v. Amira, *Über Zweck und Mittel der germanischen Rechtsgeschichte* (1876). Vgl. auch PBB 5. 428 ff.

§ 2. Wenn die Kulturwissenschaften auch als Geisteswissenschaften bezeichnet werden, so hat dies insofern seine Berechtigung, als es die Wirksamkeit geistiger Faktoren ist, wodurch sich die Erscheinungen der Kultur von den reinen Naturerscheinungen abheben, welche den Gegenstand der Naturwissenschaften bilden. Ein Irrtum aber wäre es, wollte man annehmen, dass es der Kulturforscher nur mit geistigem Geschehen zu thun habe. Auch die physischen Objekte kommen für ihn in Betracht, einerseits insofern sie das geistige Geschehen beeinflussen, andererseits insofern sie durch dasselbe beeinflusst werden. Die Darstellung dieser Wechselwirkung muss sich mit der Darstellung der inneren seelischen Vorgänge verbinden, um die Kulturgeschichte zu erzeugen.

Wechselwirkung findet natürlich auch zwischen den verschiedenen Seelen statt. Dadurch allein wird eine höhere Kultur ermöglicht. Isoliert würde es die einzelne Seele nur zu einer ganz primitiven Ausbildung bringen. Alle Kulturwissenschaft ist daher Gesellschaftswissenschaft. Die Wirkung einer Seele auf die andere ist aber nie eine direkte, sie ist immer physisch vermittelt. Alles rein psychische Geschehen verläuft innerhalb der Einzelseele. Es ist für den Kulturforscher von höchster Wichtigkeit, sich dies stets gegenwärtig zu halten. Der Vorgang ist also immer der, dass die Seele, von der die Wirkung ausgeht, zunächst ein physisches Geschehen veranlasst, welches dann seinerseits auf eine oder mehrere andere Seelen wirkt. Die Wechselwirkung zwischen verschiedenen Seelen ist daher immer erst ein Produkt aus der zwischen diesen und der physischen Aussenwelt stattfindenden Wechselwirkung. Dabei sind stets die eigenen Leiber beteiligt. Den Ausgangspunkt für die Wirkung, welche eine Seele nach aussen übt, bildet eine Bewegung des zugehörigen Leibes. Es können dadurch momentane Gesichts- und Gehöreindrücke bei anderen Individuen hervorgerufen werden. Die Wirkung bleibt dann auf die Gegenwart und, wenigstens wenn wir von moderner Telegraphenverbindung absehen, auf eine gewisse räumliche Nähe beschränkt. Erst durch psychische und physische Thätigkeit der betroffenen Individuen kann sie indirekt räumlich und zeitlich weiter verbreitet werden. Durch die Bewegung des eigenen Leibes kann der Mensch aber auch räumliche Verschiebungen und Veränderungen materieller Objekte hervorrufen, darunter solche, die von längerer Dauer sind. Dadurch wird Wirkung in die Ferne und in die Zukunft vermittelt, die nicht immer der Hülfe anderer Menschen bedarf. Die an den Objekten vorgenommenen Veränderungen können in ihren Wirkungen negativ sein; sie können in der Zerstörung von der Natur gebotener Vorteile oder früherer Kulturschöpfungen, in der Vernichtung menschlichen Lebens u. dgl. bestehen. Sie können andererseits positiv sein als Unterstützungen der natürlichen Entwickelung (Ackerbau, Viehzucht), als Zurechtmachungen zu einem bestimmten Zweck. Hierher gehört alles, was man als ein Werk zu bezeichnen pflegt. Hieran pflegt sich die Forschung zunächst vorzugsweise anzuheften. Einer der wichtigsten Fortschritte der Kultur hat darin bestanden, dass man gelernt hat, Werke von grösserer Dauer zum Ersatz für momentane Vorgänge oder rasch vergängliche Gegenstände zu verwenden, indem man diese nachgebildet oder durch willkürliche Zeichen (Buchstaben- und Notenschrift etc.) angedeutet hat. Dadurch ist die räumliche und zeitliche Ausdehnung der geistigen Wirkung ganz ausserordentlich vergrössert.

§ 3. Um das ganze Getriebe der Kulturentwickelung vollständig zu durchschauen, wäre es eigentlich erforderlich, alle Vorgänge in der Seele jedes einzelnen Individuums zu kennen mit allen Wirkungen, welche dieselbe von aussen erfährt und nach aussen ausübt. Das wäre die Vorbedingung, wenn der Historiker das Verlangen befriedigen sollte, wie es öfters thörichterweise an ihn gestellt wird, jede Erscheinung ohne einen unerklärt bleibenden Rest aus ihren Ursachen abzuleiten. Es ist klar, dass diese Vorbedingung nicht zu erfüllen ist. Denn selbst wenn alle diese Vorgänge durch Beobachtung oder Schlussfolgerung sich ermitteln liessen, während dies auch im günstigsten Falle nur bei einem sehr geringen Teile möglich ist, so würde ein Menschenleben nicht ausreichen, um auch nur einen ganz kleinen Ausschnitt aus der Geschichte in dieser detaillierten Weise zu erschöpfen. Man würde übrigens dabei eine ermüdende Wiederholung analoger Vorgänge durchzumachen haben, deren jeden von dem anderen zu unterscheiden völlig wertlos sein würde. Auch wenn der Forscher imstande ist, für ein beschränktes Gebiet das zugängliche Material ganz in seine Gewalt zu bringen, so wird man, falls dies Material einigermassen reichlich ist, von ihm verlangen, dass er bei der Darlegung seiner Resultate nur eine auswählende und verkürzende Zusammenstellung giebt. Nicht alles ist also wissbar, aber auch nicht alles wissenswert. Es fragt sich nun, was ist das Wissbare und zugleich Wissenswerte, auf dessen Erforschung der Historiker sein Augenmerk zu richten hat?

In dem Leben der einzelnen Menschen gibt es eine Menge von Vorgängen, die sich mit einer gewissen Regelmässigkeit zu bestimmten Zeiten oder auf bestimmte Anlässe hin wiederholen. Soweit er sich dabei aktiv vorkommt, beruhen sie auf festgeknüpften Vorstellungsassociationen, die eine gedächtnismässige Reproduktion ermöglichen, und auf Einübung von Bewegungen. Daneben stehen solche Vorgänge, die zwar in ihren einzelnen Momenten nicht neu sein mögen, doch aber als Ganzes selten oder nur vereinzelt auftreten. Ihm und seiner Umgebung werden gewöhnlich diese letzteren mehr auffallen. Unter ihnen sind die Thaten und Schicksale, die er als entscheidend für seinen Lebensgang betrachtet. Jene ersteren aber sind natürlich dafür gleichfalls sehr bedeutsam, nur nicht einzeln für sich, sondern erst in ihrer regelmässigen Wiederkehr. Diese wiederkehrenden Vorgänge sind zum Teil der Menschheit überhaupt gemein, zum Teil sind sie charakteristische Besonderheiten des Individuums, zum Teil sind sie einer kleineren oder grösseren Gruppe von Individuen gemein, die in einer Verkehrsgemeinschaft stehen, und eben diese Verkehrsgemeinschaft hat eine Übereinstimmung in der geistigen Organisation und deren Äusserungen hervorgerufen. Die Übereinstimmung in den zu sinnlicher Erscheinung gelangenden momentanen Äusserungen nennen wir Sitte oder Gebrauch. Insbesondere gehört auch der Sprachgebrauch hierher. Im Leben der Völker sind es gleichfalls zunächst singuläre ungewöhnliche Begebenheiten, die als in das Geschick des Ganzen eingreifend empfunden, in der mündlichen Überlieferung festgehalten, von Chronisten aufgezeichnet werden, seien es ausserordentliche Naturereignisse wie Erdbeben, Überschwemmung, Pest, oder folgenschwere Thaten Einzelner oder collectiv handelnder Massen (Krieg, Volksabstimmungen etc.), oder auch vielleicht die Schöpfung grosser Kunstwerke, Erfindungen etc. Es gehört schon ein entwickelterer geschichtlicher Sinn dazu, die konstanten Naturbedingungen, unter denen ein Volk lebt, zu beachten und das regelmässige Getriebe des täglichen Lebens in seinen langsamen Veränderungen. Der wahre Historiker hat natürlich beides zu beachten, die einzelnen bedeutsamen Fakta und die aus einer

Summe von an sich wenig bedeutenden Momenten resultierenden Verschiebungen in dem täglichen Leben. Jedes verlangt eine besondere Art der Untersuchung. Je nachdem das eine oder das andere bevorzugt wird, ergeben sich verschiedene Richtungen der Geschichtsforschung. Es besteht auch ein Unterschied zwischen den einzelnen Zweigen der Kulturwissenschaft, zum Teil auch zwischen den verschiedenen Entwickelungsstufen, je nachdem das eine oder das andere mehr in Betracht kommt. Politische Geschichte und Sprachwissenschaft bilden hier wohl die äussersten Extreme nach beiden Richtungen. Zu den einzelnen Individuen nimmt demnach der Historiker eine verschiedene Stellung ein. Wenige sind hervorzuheben wegen besonderer Thaten oder Leistungen, die eine über das gewöhnliche Mass hinausgehende Wirkung gehabt haben, die übrigen kommen für ihn nach ihren besonderen Eigentümlichkeiten und Lebensschicksalen nicht in Betracht, mögen dieselben auch vielleicht ein allgemein menschliches Interesse haben, sondern nur entweder als Mithandelnde in einer ununterscheidbaren Masse, oder als Repräsentanten einer Gruppe, gewissermassen paradigmatisch. Auch bei denjenigen Persönlichkeiten, welche als Individuen in Betracht kommen, ist das Hauptaugenmerk darauf zu richten, wie sich ihre Individualität zu den gemeinsamen Zügen der Verkehrskreise, in denen sie gelebt haben, verhält, und welche Bedingungen sie gerade zu denjenigen Leistungen geführt haben, durch die sie geschichtlich bedeutsam geworden sind. Es ist ein Abirren von der eigentlichen Aufgabe des Geschichtsforschers, wenn man an dem rein Individuellen haften bleibt, wenn man dasselbe auch bei untergeordneten Persönlichkeiten festzustellen sucht, ohne dass damit etwas für das Begreifen der Gesamtentwickelung gewonnen wird.

Die traditionellen Anschauungen und Gebräuche können mehr oder weniger systematisch fixiert und aufgezeichnet werden. Solche Fixierungen können Privatarbeit eines einzelnen sein, nur zur Konstatierung der Thatsachen, etwa aus wissenschaftlichem Interesse unternommen. Sie können aber auch mit dem Anspruch auf autoritative Geltung für die Folgezeit unternommen werden, unterstützt durch physische und moralische Gewalten. So entstehen Gesetze und Gesetzbücher, religiöse Bekenntnisse, Statuten für Verbindungen u. dergl. Auch private Arbeiten werden mit der Absicht unternommen, in den schwankenden Gebrauch regelnd einzugreifen, und man findet es zweckmässig sich ihnen freiwillig zu unterwerfen. Solche Arbeiten sind zum Teil unsere älteren Rechtsbücher wie der Sachsenspiegel. Hierher gehören z. B. auch Sammlungen von Anstandsregeln, hierher auch Grammatiken und Wörterbücher, welche das Mustergültige angeben wollen. Durch stärkeres Eingreifen derartiger Normen unterscheiden sich höhere Kulturstufen von niedrigeren.

§ 4. Alle philologische und historische Untersuchung geht aus von den sogenannten Quellen. Wir werden diesen Begriff am besten so definieren: Quellen sind diejenigen Thatsachen aus dem Ganzen der historischen Entwickelung, welche unserer Beobachtung unmittelbar zugänglich sind. Gegenstand der Kulturwissenschaft sind, wie wir gesehen haben, psychische und physische Vorgänge, letztere insofern sie die ersteren bedingen oder durch sie bedingt sind. Psychische Vorgänge nun kann jeder unmittelbar nur an seiner eigenen Seele beobachten. Möglichster Reichtum an innerer Erfahrung ist daher die Grundlage für die Fähigkeit zum Verständnis fremden Seelenlebens. Alles, was wir davon wissen können, beruht auf Analogieschlüssen nach dieser unserer inneren Erfahrung. Eine direkte Quelle, und zwar eine sehr aufschlussreiche, ist unser seelischer Zustand für die Erforschung des Volkstums, dem wir selber angehören. Die nächstbeste Quelle sind andere lebende Menschen, deren Thun und Treiben uns vor Augen liegt. Hier sind es schon nur physische Vorgänge, die wir wirklich beobachten, die wir daher als Quellen in strengem Sinne bezeichnen können. Seelische Vorgänge erschliessen wir nur erst nach Analogie des Verhältnisses, in dem die Vorgänge in unserem eigenen Innern zu den Funktionen unseres Leibes und zu der sonstigen Umgebung stehen. Dennoch aber befinden wir uns in einer besonders günstigen Lage, wenn wir diese Quelle benutzen können. Wo es sich daher um die Entwickelungsgeschichte eines noch lebenden Volkes handelt, da ist die allseitige Durchforschung der Äusserungen seines gegenwärtigen geistigen Zustandes eines der wichtigsten Hülfsmittel. Abgesehen davon, dass sich uns nur hier das wirkliche Leben so unmittelbar als möglich erschliesst, so ist auch nur hier die wünschenswerte Vollständigkeit zu erlangen. Die eigentlichen sogenannten historischen Quellen bieten uns auch im günstigsten Falle nur Fragmente, deren Erhaltung durch zufällige Umstände bedingt ist. Gesamtbilder liefert nur die Beobachtung des lebendigen Treibens. Insbesondere können wir nur dadurch die ganze Masse der lokalen Verschiedenheiten in ihrer genauen Abgrenzung und das Verhältnis der Einzelnen zu den kleineren und grösseren Verkehrsgenossenschaften, in denen sie sich bewegen, erkennen. Eine weitere Quelle bietet uns der Boden, auf dem die geschichtliche Entwickelung sich vollzogen hat, und das damit verbundene Klima. Die Beobachtung der gegenwärtigen Beschaffenheit des Bodens und des Klimas lässt uns zunächst die natürlichen Bedingungen erkennen, unter denen das gegenwärtige Leben des Volkes steht. Insofern aber die Grundverhältnisse nur einer sehr langsamen Veränderung ausgesetzt sind, so sind uns annähernd auch die Bedingungen für das Leben der Vergangenheit gegeben. Freilich darf nicht übersehen werden, dass doch auch einige bedeutendere Umwälzungen noch in geschichtlich zu verfolgenden Zeiten eingetreten sind. Auch lassen sich die Einwirkungen der Bodenkultur nicht rein von den durch die Natur gegebenen Bedingungen absondern. Über einige Verhältnisse geben die Reste menschlicher, unter Umständen auch tierischer Körper der Vorzeit Aufschluss. Vor allem aber sind wir auf die erhaltenen Produkte früherer menschlicher Thätigkeit angewiesen. Diese kommen nicht nur als Erzeugnisse in Betracht, sondern auch als nach ihrer Erzeugung wirksam gewesene Momente. Wir bilden uns aus ihnen Vorstellungen über das Leben der Vergangenheit, indem wir sie erkennen als Mittel zur Führung und Einrichtung des Lebens, als Nachbildungen der Wirklichkeit, als symbolische Zeichen für Töne und Ideen, als Beweise für die technische Fertigkeit und Ausfluss ästhetischer Triebe. Diese Erkenntnis ergibt sich aber niemals aus der blossen Wahrnehmung der Gegenstände, ist vielmehr immer durch Schlüsse vermittelt. Wenn die schriftliche Aufzeichnung von den sonstigen Erzeugnissen der Kunst und des Handwerks gesondert wird, so liegt die Berechtigung dazu nicht in der Erscheinung, die sich der Wahrnehmung darstellt, sondern in der eigenen Art von Schlussfolgerungen, die wir daran knüpfen. Unmittelbar gegeben sind nur Linien von bestimmter Gestalt. Schon dass wir dieselben als Zeichen für Sprachlaute erkennen, und vollends, dass wir diese Sprachlaute wieder als Symbole für einen bestimmten Vorstellungsinhalt erfassen, beruht auf Schlussfolgerung.

§ 5. Ohne Ergänzung des Gegebenen durch Schlüsse ist keine historische Erkenntnis möglich. Ist doch überhaupt nichts Vergangenes direkt zu beobachten. Alles, was wir beobachten, ist gegenwärtig. Abgesehen von unserer eigenen Erinnerung wird die Vergangenheit erst auf Grund des Gegenwärtigen von uns konstruiert. Diese Ergänzung ist nur dadurch möglich, dass zu dem Gegebenen etwas nicht Gegebenes als unmittelbare oder mittelbare Ursache oder Folge gesetzt wird. Durch solche Ergänzung wird auch ein Kausalzusammenhang zwischen den gegebenen zunächst vereinzelten und fragmentarischen Thatsachen hergestellt. Hieraus folgt schon, dass die Feststellung der einzelnen nicht unmittelbar gegebenen Thatsachen und der Aufbau der geschichtlichen Entwickelung nicht zwei auseinanderfallende Thätigkeiten sein können.

In der Ableitung von Ursache und Folge aus dem vorliegenden Quellenmaterial geht die ganze Thätigkeit des Philologen auf. Man macht sich das allerdings wohl nicht bei jeder Funktion, die man ausübt, vollkommen deutlich, z. B. nicht bei der Interpretation. Wenn ich aber für ein Wort an einer bestimmten Stelle die und die Bedeutung erschliesse, so heisst das nichts anderes, als ich setze als Ursache, warum das Wort hier steht, dass es in der Seele des Schriftstellers mit der betreffenden Bedeutung associiert gewesen ist. Dies erschliesse ich aus dem, was ich sonst von der Organisation dieser Seele weiss und von ihrer besonderen Disposition in dem vorliegenden Falle. So verhält es sich bei jeder Art von Interpretation, das Wort in weitestem Sinne genommen. Erkenne ich z. B. eine Malerei oder Bildhauerarbeit als Darstellung eines bestimmten mythischen oder historischen Vorganges oder als Versinnbildlichung einer Idee oder überhaupt als ein Werk, welches Gegenstände aus der Natur und dem Menschenleben darstellen soll, so setze ich damit als Ursache für die Beschaffenheit des Kunstwerkes eine bestimmte Vorstellungsassociation in der Seele des Künstlers. Nur insofern diese richtig erfasst wird, ist auch eine richtige historische Würdigung des Kunstwerkes möglich. Ähnlich verhält es sich, wenn wir den Gebrauch ausmitteln, zu dem eine Gerätschaft oder ein Gebäude bestimmt ist, wenn wir in die Stilgesetze einer Kunst eindringen, wozu auch die Regeln des Versbaues zu rechnen sind. Die Zurückführung der sinnlichen Erscheinung, in welcher uns die menschlichen Erzeugnisse entgegentreten, auf bestimmte Arten der Vorstellungsassociation ihrer Urheber ist überhaupt eine der wichtigsten Thätigkeiten des Historikers, und zwar diejenige, mit der seine Arbeit überall anfangen muss. Schenken wir einem Berichte über geschichtliche Fakta Glauben, so setzen wir damit als Ursache für die Entstehung des Berichtes, dass die erzählten Fakta sich wirklich zugetragen haben.

§ 6. Besteht die Thätigkeit des Philologen und Historikers in der Herstellung eines Kausalzusammenhanges durch Erschliessung der nicht unmittelbar gegebenen Glieder, so beruht sie natürlich auf der Voraussetzung, dass die Kausalverknüpfung auf psychischem wie auf physischem Gebiete eine notwendige ist, die nach ewigen allgemeinen Gesetzen erfolgt. Sobald man etwas von solchen Gesetzen Unabhängiges, Willkürliches im Spiel sein lässt, muss man auch darauf verzichten, durch Schlüsse die historische Wahrheit zu ermitteln, und ist auf den Glauben angewiesen. Es ist nun auch einleuchtend, dass zu solcher Thätigkeit nicht die Handhabung der formalen Logik genügt, dass vielmehr die Kenntnis der allgemeinen Gesetze des Geschehens erforderlich ist, des physischen und des psychischen und der Wechselwirkung zwischen beiden.

Man wird hiergegen einwenden, dass doch so viele Philologen Tüchtiges geleistet haben, ohne in der Physik und Chemie oder auch selbst in der wissenschaftlichen Psychologie sonderlich bewandert gewesen zu sein. Das ist richtig, aber man darf nicht übersehen, dass sich der Mensch lange vor der Ausbildung eigentlicher Wissenschaft aus der Erfahrung des täglichen Lebens eine Reihe von Sätzen über den Kausalzusammenhang der

Erscheinungen abstrahiert hat, die zwar der späteren methodischen Forschung nicht genügend erscheinen, die ihn aber doch in den Stand setzen, zu vielen Erscheinungen Ursachen und Wirkungen nach Mutmassung hinzuzudenken und dieselben notwendig, möglich oder wahrscheinlich zu finden. Es sind dies dieselben Sätze, welche im Leben immerfort zur Anwendung kommen, auf Grund deren es dem Menschen überhaupt möglich wird, mit Überlegung zu handeln, sich Ziele zu setzen und die geeigneten Mittel dazu anzuwenden. Ohne diese Sätze der gemeinen Erfahrung wäre auch mit der feinsten Logik keine historische Wissenschaft möglich gewesen. Auf Grund derselben hat man vieles erreicht, aber es gibt Probleme, die nicht gelöst werden können ohne Zuhülfenahme der erst von der Wissenschaft gefundenen Gesetze.

Vor allem gilt es, die Resultate der neueren Psychologie auf die Kulturwissenschaft anzuwenden. Es ist namentlich erforderlich, eine klare Anschauung davon zu gewinnen, in welcher Weise die in der Seele aufgenommenen Vorstellungen sich zu engeren und weiteren Gruppen verbinden, und wie durch diese nun unbewusst in unserm Innern ruhenden Gruppen die Vorgänge in unserem Bewusstsein und unsere nach aussen gerichteten Thätigkeiten bestimmt werden.[1] So lange es der Historiker mit der Beurteilung überlegter Handlungen oder planmässig geschaffener Werke zu thun hat, mag er die durch die wissenschaftliche Psychologie gewonnenen Resultate entbehren können, da über die mit klarem Bewusstsein sich vollziehenden Vorgänge jeder eigene Erfahrungen gemacht hat. Anders dagegen verhält es sich, sobald es sich um die unbeabsichtigten und von den Beteiligten selbst nicht bemerkten Verschiebungen in den menschlichen Zuständen handelt. So ist die Entwickelung der Sprache, des Mythus, der Sitte gar nicht zu begreifen, wenn nicht die primitiven Seelenvorgänge beachtet werden, welche uns gewöhnlich nicht zum Bewusstsein kommen und erst durch die wissenschaftliche Analyse ermittelt sind. Es hat daher seine Berechtigung, wenn Wundt[2] die Erforschung gerade dieser drei Gebiete in eine besonders nahe Beziehung zur Psychologie setzt, insofern sie einerseits einer psychologischen Basierung bedürfen, anderseits umgekehrt der Psychologie wertvolles Material zur Bearbeitung liefern. Doch wäre es ein Irrtum, anzunehmen, dass es überhaupt irgend ein Gebiet menschlicher Thätigkeit gäbe, auf dem nicht neben bewusster Absicht unbewusste psychische Faktoren eine grosse Rolle spielten, zu deren richtiger Würdigung die Psychologie des gesunden Menschenverstandes nicht ausreicht. Das Verständnis der geschichtlichen Entwickelung bleibt daher auf allen Gebieten hinter dem Erreichbaren zurück, so lange man sich nicht auf den Boden der wissenschaftlichen Psychologie stellt. Es gilt dies ganz besonders auch von dem Verständnis der literarischen Produktion.

Hinsichtlich des physischen Geschehens ist es für den Historiker seltener geboten, über die gemeine Erfahrung hinauszugreifen und zu den Hülfsmitteln der exakten Wissenschaft seine Zuflucht zu nehmen. Doch dürfen die Dienste, welche diese zu leisten im stande ist, nicht übersehen werden. Schon seit langer Zeit ist die Astronomie ein wertvolles Hülfsmittel für chronologische Bestimmungen gewesen. Chemie und Mineralogie können Aufschluss über die Natur und Herkunft des von Menschenhand verarbeiteten Materiales und über die Art der Technik geben. Vor allem kommen natürlich dem Historiker die wissenschaftlichen Untersuchungen über Beschaffenheit und Funktion des menschlichen Leibes zu gute. Die vergleichende Anatomie giebt Aufschlüsse über die Abstammungsverhältnisse der Völker. Über den Einfluss des Klimas und der Nahrung auf die leibliche Beschaffenheit des Menschen, wodurch wieder die geistige bedingt ist, muss sich der Historiker von dem Physiologen belehren lassen. Zu den Funktionen unseres Leibes, die sich erst einer eigens darauf gerichteten Aufmerksamkeit und besonderen wissenschaftlichen Untersuchungsmethoden erschliessen, gehört die Erzeugung der Sprachlaute. Die Sprachphysiologie (Phonetik) ist wie die Psychologie unentbehrliche Grundlage für den Aufbau der Sprachwissenschaft.

Die einfachen Vorgänge, welche sich unter allgemeine Gesetze bringen lassen, erscheinen in mannigfachen Komplikationen. Viele von diesen Komplikationen wiederholen sich häufig, wenn auch nicht immer in gleicher, so doch in ähnlicher Weise. Bei einem tieferen Eindringen in das Wesen der geschichtlichen Entwickelung muss notwendig die regelmässige Wiederkehr dieser Komplikationen bemerkt werden, und es ergibt sich die Aufgabe, dieselben systematisch zusammenzustellen, und zwar mit einer genauen Analyse, aus welcher ihr Verhältnis zu den allereinfachsten Vorgängen klar wird. Dabei muss die Zusammensetzung der psychischen Gebilde untersucht werden, die das Geschehen veranlassen, die Natur der mitwirkenden physischen Faktoren, das Verhältnis derselben zu den psychischen und vor allem die Art, wie die Wechselwirkung zwischen den Individuen sich vollzieht. Ein derartiger Überblick über die wiederkehrenden Komplikationen, verbunden mit klarer Einsicht in das Wesen derselben ist das wertvollste Resultat der geschichtlichen Detailforschung. Umgekehrt erhält diese dadurch eine wesentliche Erleichterung und sichere Leitung. Die hier bezeichnete Aufgabe habe ich für ein Gebiet der Kultur in meinen *Principien der Sprachgeschichte* zu lösen versucht. Die übrigen sind einer ähnlichen Bearbeitung fähig und bedürftig, in um so höherem Grade, je mehr dabei unbewusste psychische Prozesse in Betracht kommen. Die Entwickelung der traditionellen Anschauungen und Gebräuche ist daher das dankbarste Feld dafür. Es ist dabei eine der Hauptaufgaben der Prinzipienwissenschaft, wie wir es nennen wollen, zu zeigen, wie sich die einzelnen Vorgänge zu diesen allgemeinen Anschauungen und Gebräuchen verhalten, wie und wieweit jene durch diese bedingt sind, und wie diese umgekehrt allmählich durch jene umgestaltet werden.

[1] Hierzu giebt z. B. Steinthals *Einleitung in die Psychologie und Sprachwissenschaft* (Berlin 1881) vortreffliche Anleitung. Von den darin angewendeten Formeln kann man leicht absehen. [2] *Logik* II, 498 ff. und besonders in der Abhandlung *Über Ziele und Wege der Völkerpsychologie* (Philos. Stud IV).

§ 7. Eine der ersten Forderungen, die an den Historiker gestellt werden muss, ist möglichst vollständige Ausschöpfung der Quellen. Es gibt unter den sich darbietenden Quellen ganz wertlose, aber diese Wertlosigkeit darf nicht von vornherein vorausgesetzt, sondern muss erst durch Prüfung konstatiert werden, indem etwa nachgewiesen wird, dass die betreffende Quelle aus einer oder mehreren anderen, gleichfalls vorliegenden abgeleitet ist, oder dass ihr überhaupt eine Kausalbeziehung zu den zu ermittelnden Thatsachen abgeht, dass sie z. B. eine Fälschung ist. Selbständige Quellen dürfen nicht vernachlässigt werden. Es ist ein gewöhnlicher Fehler, dass man, wo eine oder einige besonders gute Quellen vorhanden sind, die übrigen beiseite schiebt, die doch, wenn auch jede für sich geringer, doch in ihrer Kombination wertvoller sein können. Man darf ferner an keiner überlieferten Thatsache achtlos vorbei gehen. Das Endziel ist freilich die Feststellung des Bedeutsamen und wirklich Wissenswerten. Aber es verrät den Dilettanten, wenn jemand von vornherein nur herausgreift, was ihm als solches erscheint. Auch das an sich Gleichgültigste kann von Bedeutung für die Forschung werden wegen des Kausalzusammenhanges, in dem es mit etwas Wissenswertem steht, wegen der Schlussfolgerungen, die es deshalb ermöglicht.

Eine weitere Forderung ist die, dass die Quellen genau als das genommen werden, was sie wirklich sind. Die ergänzende Kombination beginnt nicht erst mit der streng wissenschaftlichen Forschung. Lange vorher treibt sie ihr Spiel. Der Historiker stösst bereits auf Annahmen über Alter und Herkunft von Denkmälern oder Institutionen. Er findet bereits Geschichtsbilder entworfen auf Grund ungenügenden und unzuverlässigen Materiales. Er findet jetzt auch Aufstellungen von Vorgängern, die mit mehr oder weniger Recht den Anspruch erheben, wissenschaftliche Leistungen zu sein. Von alledem muss er zunächst abstrahieren, wenn er ein selbständiges Urteil gewinnen will, und auf das wirklich Gegebene zurückgehen. Dahin gehört z. B., dass er etwas nicht als geschehen annimmt, bloss weil überliefert ist, dass es geschehen ist. Das wirklich Gegebene ist nur die Überlieferung. Wer den Inhalt der Überlieferung einem wirklichen Geschehen gleich setzt, der macht bereits eine Schlussfolgerung, von welcher der Forscher, der sich die Grundlage seiner Untersuchung klar machen will, zunächst absehen muss.

§ 8. Wie schon bemerkt, besteht die ergänzende Thätigkeit des Historikers einerseits darin, dass zu den gegebenen Thatsachen weitere nicht gegebene als Ursache oder Folge hinzugefügt werden, anderseits darin, dass zwischen mehreren für sich gegebenen oder bereits erschlossenen Thatsachen ein nicht gegebener Kausalzusammenhang hergestellt wird. Das letztere geschieht auf zweierlei Weise. Entweder wird eine Thatsache als die Ursache der andern gesetzt oder richtiger, da immer ein Komplex von Ursachen vorhanden ist, als eine von den Ursachen, als ein bedingendes Moment. Dabei kann man sich veranlasst sehen, ein Zwischenglied in der Kausalverkettung anzusetzen, also etwas neues hinzuzufügen, welches zu der einen Thatsache im Verhältnis der Folge, zu der andern im Verhältnis der Ursache steht. Oder es werden mehrere Thatsachen dadurch unter einander verknüpft, dass sie auf eine gemeinsame Ursache zurückgeführt werden, die nun als etwas neues hinzugewonnen wird. Aus der Kombination dieser einfachen Operationen entwickeln sich die komplizierteren historischen Untersuchungen.

Erstes Erfordernis für die Berechtigung zur Ansetzung eines kausalen Verhältnisses ist natürlich, dass dasselbe den allgemeinen Bedingungen der Möglichkeit entspricht, wie sie dem Forscher bekannt sein müssen. Ein zweites Erfordernis ist, dass keine Annahme gestattet wird, welche mit einer schon festgestellten Thatsache oder mit einer anderen gleichfalls aufrecht erhaltenen Annahme nicht in Einklang zu bringen ist. Die Erfüllung dieser beiden Forderungen genügt aber nicht. Es muss etwas weiteres hinzukommen, was von der blossen Möglichkeit zur Notwendigkeit oder wenigstens zur Wahrscheinlichkeit hinüberführt. Notwendig wird die Annahme einer Ursache oder Folge zu einer gegebenen Thatsache dann, wenn dieselbe ohne die betreffende Ursache oder Folge überhaupt nicht zu denken ist; ferner aber auch dann, wenn alle anderen Möglichkeiten, die sich bei isolierter Betrachtung darbieten, dadurch ausgeschlossen werden, dass sie mit anderen festgestellten Thatsachen in Widerspruch stehen. Um eine Annahme als wahrscheinlich zu erweisen, bedarf es der Vergleichung der verschiedenen Möglichkeiten unter einander. Der Grad der Wahrscheinlichkeit muss ebenso wie die Möglichkeit auf Grund analoger Fälle bestimmt werden, die man früher beobachtet hat.

Die methodische Ergänzung des Gegebenen muss demnach damit beginnen, dass man sich alle Möglichkeiten der Kausalverknüpfung vergegenwärtigt. Es ist einer der gewöhnlichsten Fehler, dass man einen Teil dieser Möglichkeiten übersieht, ja dass man von den verschiedenen Möglichkeiten überhaupt nur eine bemerkt und diese dann ohne weiteres als wirklich ansetzt. Schuld an diesem Fehler ist oft Flüchtigkeit, oft der Mangel an kombinatorischer Begabung oder an Übung auf dem betreffenden Felde, die beide erforderlich sind, um die vorhandenen Möglichkeiten rasch und sicher zu überblicken. Es ist einer der wichtigsten Dienste, welchen die Prinzipienwissenschaft der Methodenlehre leistet, dass sie eine Summe von Möglichkeiten des Geschehens an die Hand gibt, zu der man greifen kann, wenn es sich um die Ergänzung des Gegebenen handelt. Ganz besonders oft aber liegt die Schuld auch daran, dass der Geist schon nach einer gewissen Richtung hin präoccupiert ist und infolge dessen immer nur das sieht, was nach dieser Richtung hin liegt. Sehr gewöhnlich geht schon dem Beginne der eigentlichen Untersuchung eine Vermutung über das Resultat voraus. Indem man diese Vermutung bestätigt zu sehen wünscht, drängen sich alle dazu stimmenden Vorstellungen viel leichter in das Bewusstsein als die widerstreitenden. Solche das Resultat vorwegnehmenden Vermutungen können höchst wertvoll als Antriebe und Regulative für methodische Forschung sein, sie werden aber schädlich, sobald sie die Phantasie des Forschers ausschliesslich in Beschlag nehmen. Es gehört viel Selbstverläugnung dazu, dies zu vermeiden, und es kann daher nicht wunder nehmen, wenn es so gewöhnlich ist. Dadurch erhalten unsere wissenschaftlichen Beweisführungen etwas Advokatenmässiges, und es bedarf oft erst eines langen Gefechtes verschiedener Parteien, bis vielleicht ein unparteiischer Richterspruch herauskommt. Echte Wissenschaftlichkeit muss diesen Umweg durch Selbstkritik und freie Umschau möglichst zu vermeiden suchen.

Erst wenn man alle Möglichkeiten der Kausalverknüpfung überblickt, hat man eine sichere Grundlage, auf der man weiter bauen kann. Zunächst wird man dann zusehen müssen, ob sich einige von diesen Möglichkeiten als unvereinbar mit anderen Thatsachen ausscheiden lassen. Ist man nicht in der günstigen Lage, dass nur eine einzige übrig bleibt, so wird man noch versuchen, die zur Auswahl stehenden hinsichtlich ihrer Wahrscheinlichkeit gegen einander abzumessen. Hierbei macht sich nun leicht sehr subjektives Belieben geltend. Es kommt darauf an, auch für den Grad der Wahrscheinlichkeit möglichst objektive Normen zu finden. Hier hilft wieder die Prinzipienwissenschaft, indem sie analoge Fälle für die Beurteilung liefert. Doch müssen individuelle Verhältnisse häufig auch nach analogen Verhältnissen von ebenfalls ganz individueller Natur beurteilt werden. Ein Beispiel mag das erläutern. Es ist eine Streitfrage, ob die von Lady Guest unter dem Titel Mabinogion herausgegebenen welschen Erzählungen, soweit sie sich in ihrem Inhalt mit französischen Artusromanen berühren, als von diesen unabhängige, auf echt nationale Quellen zurückgehende Überlieferungen zu betrachten sind. Für die Entscheidung dieser Frage ist es jedenfalls nicht gleichgültig, dass in der nämlichen Hs. sich auch eine welsche Bearbeitung der sieben weisen Meister und eines Stückes aus der Karlssage findet, wofür sicher fremder und, was das letztere betrifft, französischer Ursprung angenommen werden muss. Dadurch gewinnt die Annahme, dass auch die der Artussage angehörigen Stücke unter dem Einflusse der betreffenden französischen Werke stehen, sehr an Wahrscheinlichkeit, wenn auch natürlich die Frage nicht ohne Berücksichtigung verschiedener anderer Momente entschieden werden kann. Entsprechend verhält es sich mit den dänischen und färöischen Balladen, welche Stoffe aus der germanischen Heldensage behandeln. Es handelt sich darum, ob dieselben auf alte mündliche Überlieferung zurückgehen, also als unabhängige Quellen für die Heldensage zu betrachten sind, oder ob sie aus den uns erhaltenen schriftlichen Quellen wie Þidrekssaga und Vǫlsungasaga, abgeleitet sind. Die letztere Annahme gewinnt jedenfalls dadurch sehr an Wahrscheinlichkeit, dass verschiedene andere Balladen von ähnlichem Charakter sicher auf schriftliche Quellen von zum Teil unnationalem Inhalt zurückgehen. Der Beweis für die Wahrscheinlichkeit einer Annahme kann übrigens nicht nur positiv, sondern auch negativ geführt werden, indem nämlich die Unwahrscheinlichkeit aller andern daneben in Betracht kommenden gezeigt wird.

Trotz Anwendung aller zu Gebote stehenden Hülfsmittel wird man sehr häufig nicht in der Lage sein, zwischen verschiedenen Möglichkeiten der Kausalverknüpfung eine Entscheidung zu treffen oder auch nur der einen den Vorzug zuzusprechen. Es gibt viele Fälle, in denen es höchstens ein ganz kritikloser Phantast unternehmen wird, etwas Bestimmtes über die Ursachen einer gegebenen Thatsache ausmachen zu wollen. Es gibt andere, in denen auch Männer, welche den Anspruch erheben, als strenge Forscher zu gelten, sich nicht scheuen den Mangel an objektiven Entscheidungsgründen durch subjektives Belieben zu ersetzen, weil sie sonst darauf verzichten müssten zu einem Resultate zu gelangen. So kommt zu dem oben besprochenen Übersehen anderweitiger Möglichkeiten noch das absichtliche Beiseitelassen. Veranlassung dazu ist teils ein ästhetisches Bedürfnis, welches nach Abschliessung und Abrundung strebt, teils Selbstgefälligkeit, welche einen geistreich erscheinenden Einfall nicht unterdrücken mag und sich leicht über den Wert desselben täuscht, teils das Interesse der Carrière, welches nun einmal verlangt, dass in einer Doktordissertation, Habilitationsschrift etc. ein wissenschaftliches «Resultat» vorgelegt wird, teils endlich das Muster der hergebrachten Praxis. Der Wissenschaft ist nur damit gedient, dass wir uns der Grenzen unserer Erkenntnis bewusst bleiben und nicht darüber hinausgehen.

Handelt es sich darum, die eventuellen Beziehungen zwischen mehreren gegebenen oder bereits erschlossenen Thatsachen festzustellen, so muss zuerst untersucht werden, ob überhaupt irgend welche Nötigung vorliegt, einen kausalen Zusammenhang zwischen denselben anzunehmen. Mangelt ein solcher, so sprechen wir von Zufall. Dies ist ein relativer Begriff. Es gibt keinen absoluten Zufall in dem Sinne, dass eine Thatsache überhaupt nicht kausal bedingt zu sein brauchte, sondern wir können nur sagen, dass das Nebeneinanderbestehen mehrerer Thatsachen zufällig ist, insofern jede ihre besonderen kausalen Bedingungen hat, und weder die eine Ursache der anderen ist, noch beide unter der Einwirkung der nämlichen Ursache stehen. Es müssen also die sonstigen Kausalbedingungen für die betreffenden Thatsachen erwogen werden, die abgesehen von einer Verknüpfung derselben unter einander denkbar sind. Ergibt sich aus diesen eine vollständig befriedigende Erklärung für ihr Nebeneinanderbestehen, so muss man sich dabei beruhigen. Man hat kein Recht, nichtsdestoweniger eine kausale Verknüpfung zwischen ihnen herzustellen. Eine solche bleibt höchstens als blosse Möglichkeit bestehen, vielfach ergibt sie sich geradezu als unwahrscheinlich. Wäre nicht die Erwägung der Möglichkeit und Wahrscheinlichkeit des Zufalles so häufig vernachlässigt, so wären viele unnütze Hypothesen unterblieben. Die philologische Forschung hat auf Schritt und Tritt mit dieser Erwägung zu rechnen.

§ 9. Durch die Einwirkung eines Individuums auf das andere wird eine grössere oder geringere Übereinstimmung zwischen ihnen in der Gruppierung ihrer beiderseitigen Vorstellungen hervorgerufen, woraus dann wieder eine Übereinstimmung zwischen den auf Grund dieser analogen Gruppierung geschaffenen physischen Produkten hervorgeht. Die Übereinstimmung zwischen den letzteren beruht dabei nicht auf einem direkten Kausalverhältnis, sondern ist immer psychisch vermittelt, auch dann, wenn es sich um genaue Nachbildung eines Kunstproduktes handelt. Dieselbe ist nur möglich, wenn der Nachbildner dieselbe Vorstellung von der Gestalt des Produktes in seine Seele aufgenommen hat wie der erste Bildner, und wenn er auch entsprechende Vorstellungen von den zur Ausführung erforderlichen Mitteln hat wie dieser. Für uns ist es aber die Übereinstimmung in den physischen Produkten, woran wir erst die Übereinstimmung in den zu Grunde liegenden psychischen Thatsachen erkennen.

Vergleichung ist demnach ein wesentliches Hülfsmittel zur Erkenntnis des Kausalzusammenhanges zwischen den Objekten der Kulturwissenschaft. Dieser Kausalzusammenhang wird auf die nämliche Weise hergestellt wie sonst. Entweder wird von zwei verglichenen Objekten das eine als die Grundlage des anderen erkannt, sei es direkt oder mit Hülfe von Zwischengliedern, die dann ohne überliefert zu sein erschlossen werden, oder es werden mehrere Objekte auf eine gemeinsame Grundlage zurückgeführt, die gleichfalls erschlossen wird. Dies Verfahren kommt auf den verschiedensten Gebieten zur Anwendung. So bei der Bestimmung des Verhältnisses, in dem mehrere Abschriften oder Überarbeitungen des gleichen Textes zu einander stehen, bei allen Quellenuntersuchungen, ebenso bei Untersuchungen über die genauere oder freiere Nachbildung von Kunstwerken, durchgängig bei dem Aufbau der historisch-vergleichenden Sprachwissenschaft, Mythologie und Sittenkunde u. s. f. Das Vergleichen ist also keine besondere Eigentümlichkeit derjenigen Disziplinen, denen man gewöhnlich das Prädikat vergleichend beizulegen pflegt, vielmehr wird es überall in analoger Weise geübt, auch bei dem, was man im engsten Sinne als Philologie bezeichnet. Auch ist eigentlich kein Grund dies Prädikat auf diejenigen Forschungen zu beschränken, die über den Kreis eines einzelnen Volkes hinausgreifen. Denn innerhalb jedes Volkes sind wieder besondere Gruppen und innerhalb der Gruppen besondere Individuen zu unterscheiden, und die Bestimmung des historischen Verhältnisses dieser Individuen und Gruppen zu einander wird auf keine andere Weise gewonnen als die des Verhältnisses von Völkern zu einander. Ein Unterschied besteht allerdings insofern, als da, wo es sich um die Ableitung der Kulturverhältnisse mehrerer Völker aus einer ursprünglichen Stammesgemeinschaft handelt, primär nur die zweite der oben bezeichneten beiden Hauptarten der Kausalverknüpfung in Betracht kommt, die Rekonstruktion der gemeinsamen Grundlage für die Übereinstimmung; ich sage primär, denn sekundär, nachdem die Rekonstruktion dieser Grundlage vollzogen ist, kann auch die andere Hauptart zur Geltung kommen. Man darf sich auch nicht etwa einbilden, dass man bei der Beschränkung auf ein Volk die erstere Art entbehren könne. Man kommt auch hierbei nicht aus, ohne sie reichlich anzuwenden. Wo es sich darum handelt, den Einfluss der Kultur eines Volkes auf die eines anderen zu untersuchen, braucht auch der bezeichnete Unterschied nicht vorhanden zu sein, z. B. bei dem, was man gewöhnlich vergleichende Literaturgeschichte nennt, die ihrem Wesen nach etwas anderes ist, als was man vergleichende Sprachwissenschaft zu nennen pflegt.

§ 10. Der Nachweis einer Übereinstimmung ist eines der wesentlichsten Hülfsmittel für den Nachweis eines Kausalzusammenhanges. Aber keineswegs ist mit dem ersteren ohne weiteres der letztere gegeben. Es gibt unzählige Übereinstimmungen zwischen den psychischen Verhältnissen verschiedener Menschen und ebenso zwischen ihren physischen Erzeugnissen ohne irgend einen historischen Zusammenhang. Sehr vieles ist überhaupt allen, oder wenigstens allen normalen Menschen gemein, weil es eine Folge der für alle gleichmässig geltenden Lebensbedingungen ist. Denn die seelischen Funktionen folgen allgemeingültigen Gesetzen; es besteht eine hochgradige Übereinstimmung in der leiblichen Organisation, die insbesondere die selben Sinneseindrücke und die selben Reaktionen dagegen erzeugt, die selben Bedürfnisse und die selben Mittel zur Befriedigung derselben; auch in der umgebenden Natur bleibt selbst bei der grössten Verschiedenheit noch genug Übereinstimmung; ebenso gibt es für den Verkehr der Menschen unter einander gewisse Grundverhältnisse, die überall gleichmässig erscheinen. Einiges ist wenigstens dem ganzen männlichen oder dem ganzen weiblichen Geschlechte gemein. Analoge Verhältnisse ergeben sich überall nach den verschiedenen Altersstufen. Abgesehen aber von dieser durchgehenden Übereinstimmung finden sich massenhafte und zum Teil weitgehende Ähnlichkeiten zwischen einer Anzahl in keiner Beziehung zu einander stehenden Individuen. Die Variabilität der seelischen Beschaffenheit, der Lebensschicksale, der Hervorbringungen der Menschen ist zwar eine unbegrenzte, aber nur, wenn man alle kleineren Modifikationen mit in Anschlag bringt und immer das Ganze eines menschlichen Lebens im Auge hat, nicht, wenn man sich an das Wesentlichste hält und Gruppen von Vorgängen aus dem Ganzen des Lebens herausgreift. Gewisse Grundzüge müssen sich notwendigerweise mehrmals, ja zum Teil sehr oft wiederholen. Wir klassifizieren ja die Menschen nach ihrem Temperament, nach hervorstehenden Eigenheiten ihres Charakters und ihrer intellektuellen Fähigkeiten etc., und wir erwarten, dass solche Eigenheiten sich bei dem einen wie bei dem anderen in mehr oder weniger ähnlicher Weise äussern. Für die Beziehungen der Menschen zu einander gibt es gewisse Grundverhältnisse, die immer wiederkehren, z. B. die verschiedenen Verwandtschaftsverhältnisse, und für die Gestaltung eines jeden dieser Verhältnisse gibt es gewisse Grundtypen von grosser Häufigkeit. Innerhalb einer schon reich entwickelten Literatur wird es einem Dichter schwer, Charaktere und Situationen zu erfinden, die als durchaus originell anerkannt werden, ein Beweis dafür, dass die Abwechselung im Leben wie in der poetischen Fiktion ihre Grenzen hat. Das selbe gilt von den bildenden Künsten, soweit sie Charaktere und Situationen darstellen. Was die rein ornamentale Seite betrifft, so ist daran zu erinnern, dass die Zahl der möglichen Figuren, sobald von denselben Regelmässigkeit und Symmetrie verlangt wird, gleichfalls eine begrenzte ist. Daher zum Teil die Schwierigkeit zu den bisher bekannten noch einen ganz neuen Stil zu erfinden. Daher ist es auch nicht zu verwundern, wenn zwischen den primitiven Ornamenten ganz verschiedener Völkerschaften grosse Ähnlichkeit gefunden wird. Entsprechend verhält es sich auf allen Gebieten. Es entstehen so Übereinstimmungen einerseits zwischen einzelnen Individuen, die vielleicht über die ganze Erde hin zerstreut sind, anderseits zwischen Völkerschaften, die niemals in einen direkten oder indirekten Verkehr zu einander getreten sind, hinsichtlich ihrer Vorstellungsart, ihrer Sitten und Einrichtungen, ihrer Sprache etc. Die letzteren Übereinstimmungen können dadurch begünstigt sein, dass die Beschaffenheit des Bodens, des Klimas, überhaupt der natürlichen Lebensbedingungen ähnlich ist. Der Fortschritt zu höherer Kultur, in wie mannigfaltigen Gestaltungen er auch auftritt, vollzieht sich immer bis zu einem gewissen Grade in analoger Weise, weshalb es möglich ist, Kulturepochen verschiedener Völker mit einander zu parallelisieren.

Neben diesen Übereinstimmungen ohne allen Kausalzusammenhang giebt es sehr viele, die zwar durch das Wirken der nämlichen Ursache mitbedingt sind, die aber doch nicht ihrem ganzen Umfange nach daraus abgeleitet werden können. So kann der nämliche Boden bei ganz verschiedenen Völkern, die ihn nach einander bewohnen, analoge Wirkungen hervorbringen. Die gleiche Abstammung kann auch bei dem Mangel einer Wechselwirkung zu analogen Lebensäusserungen führen. Besonders aber liegen in der Übereinstimmung, welche durch die nähere oder fernere Verkehrsgemeinschaft erzeugt ist, die Bedingungen für eine Übereinstimmung in der Weiterentwickelung, die ihrerseits nicht durch gegenseitige Beeinflussung hervorgebracht zu sein braucht, sondern spontan sein kann. Geschieht es doch nicht selten, dass eine wissenschaftliche Entdeckung gleichzeitig von mehreren gemacht wird, nachdem einmal der Boden dafür bereitet ist. Noch viel häufiger ist ein derartiges spontanes Zusammentreffen bei den einfacheren Vorgängen des Kulturlebens. In der Entwickelung der traditionellen Anschauungen und Gebräuche und besonders der Sprache spielt dasselbe eine grosse Rolle neben der wechselseitigen Beeinflussung, und es ist vielfach unmöglich, zu bestimmen, wie weit die eingetretenen Veränderungen durch diese, wie weit durch jenes bedingt sind.

Die Frage, ob und wieweit Übereinstimmungen in der seelischen Organisation verschiedener Individuen und deren physischen Äusserungen auf einen Kausalzusammenhang hinweisen, gehört zu denjenigen, welche dem Historiker ganz besonders häufig zur Entscheidung vorliegen und ganz besondere Schwierigkeiten machen. Vor dem häufigen Fehler der voreiligen Annahme eines Zusammenhanges bewahrt nur eine ausgebreitete Erfahrung, welche die Möglichkeit eines spontanen Zusammentreffens gelehrt hat. Um diese Möglichkeit zu erkennen, muss man Fälle unter einander vergleichen, bei denen von vornherein der Gedanke an einen historischen Zusammenhang durch die Umstände ausgeschlossen ist. Eine Sammlung solcher Möglichkeiten hat wieder die Prinzipienwissenschaft zu liefern, wodurch aber auch wieder nicht ausgeschlossen ist, dass man vielfach Untersuchungen in dieser Richtung ad hoc anzustellen hat.

Die Annahme eines Kausalzusammenhanges ist natürlich um so wahrscheinlicher, je genauer die Übereinstimmung ist, und je komplizierter die Thatsachen sind, auf die sich die Übereinstimmung erstreckt. Eine Reihe von einzelnen Übereinstimmungen, von denen jede für sich nichts beweisen würde, kann durch Komplikation sehr beweiskräftig werden. Ferner aber ist eine Übereinstimmung um so beweisender, je weniger die Einzelheiten, die in übereinstimmender Weise unter einander verbunden sind, in einem inneren Zusammenhange unter einander stehen. Denn, was einen solchen Zusammenhang hat, kann sich leicht spontan zu wiederholten Malen verbinden, während die zufällige Verbindung, wenigstens wenn sie einigermassen kompliziert ist, sich nicht so leicht wiederholt. Wenn es das eigentliche Ziel der Geschichtsforschung wie aller Wissenschaft ist, die inneren Beziehungen der Dinge zu einander zu erkennen, während die bloss zufällige Zusammenwürfelung an sich uninteressant ist, so hat doch die letztere den Wert, das sie gerade häufig zur Feststellung des historischen Zusammenhangs verhilft. So thun z. B. Eigennamen gute Dienste, die zu dem Wesen der Personen, welche sie tragen, keine Beziehung haben. Die Wahrscheinlichkeit eines Zusammenhanges zwischen verschiedenen epischen oder dramatischen Stoffen wird wesentlich erhöht, wenn zu der Übereinstimmung in Motiven und Charakteren, die vielleicht zu allgemein menschlich sind, als dass sie sich nicht wiederholt von selbst darbieten sollten, Übereinstimmung in der Benennung der Hauptpersonen tritt. Eine ähnliche Rolle spielt das lautliche Element der Sprache in der historischen Sprachforschung. Gerade weil zwischen diesem und der Bedeutung in den uns vorliegenden Sprachen im allgemeinen keine innere Beziehung stattfindet, gibt die Übereinstimmung in der Verknüpfung beider eine so starke Gewähr für den historischen Zusammenhang. Diese Gewähr ist nicht vorhanden in den Ausnahmefällen, in denen eine innere Beziehung mit Grund zu vermuten ist, bei onomatopoetischen Bildungen, bei denen ein spontanes Zusammentreffen leicht möglich ist. Bei sprachlichen Erscheinungen, die nicht an bestimmten Lautkomplexen haften, wohin namentlich die rein syntaktischen gehören, wenn es sich z. B. um Wortstellung oder um das logische Verhältnis der Elemente des Satzes zu einander handelt, sind die historischen Zusammenhänge sehr schwer zu verfolgen, weil es die allgemeine Natur der Sprache mit sich bringt, dass solche Erscheinungen sich zu verschiedenen Zeiten spontan neu erzeugen.

§ 11. Die vergleichende Methode kommt auch zur Anwendung, wo es sich um Erzeugnisse und Thätigkeiten des gleichen Individuums handelt. Dabei kann in Frage kommen, wieweit das, was in der äusseren Erscheinung gleich ist, auf die gleiche psychische Ursache zurückzuführen ist. Diese psychische Ursache kann **bewusste Absicht** sein. Häufig ist festzustellen, wieviel in den menschlichen Erzeugnissen beabsichtigt ist, und wieviel, ohne beabsichtigt zu sein, sich aus der Konstellation der Umstände ergeben hat. Ein Hauptmittel, hierüber zu einer Entscheidung zu gelangen, ist das Zusammenhalten analoger Fälle. Es ist dann zu konstatieren, ob es den allgemeinen Bedingungen der Wahrscheinlichkeit entspricht, anzunehmen, dass diese in ihrer Gesamtheit sich ohne Absichtlichkeit ergeben haben, oder nicht. Ist diese Annahme mit der Wahrscheinlichkeit im Einklang, so ist von dieser Seite her keine Veranlassung, Absicht vorauszusetzen. Je weiter sie sich dagegen von der Wahrscheinlichkeit entfernt, um so berechtigter wird die Voraussetzung der Absicht. Der Grad der Wahrscheinlichkeit lässt sich vielfach durch Rechnung bestimmen. Ein anderes Mittel ist die Vergleichung eines im übrigen analogen Materials, bei dem die Absicht von vornherein ausgeschlossen ist.

Von Lachmann und anderen ist die Ansicht vertreten, dass bei den mittelhochdeutschen Dichtern gewisse Zahlenverhältnisse beliebt gewesen seien. Wenn Lachmann darauf, dass die Klage nach der Hs. A. aus 4320 Zeilen besteht, die Annahme basiert, dass Abschnitte von 30 Zeilen beabsichtigt seien, so schwebt diese Annahme ganz in der Luft. Denn die Wahrscheinlichkeit, dass ohne Absicht diese Zahl herauskommen konnte, ist gerade so gross wie bei jeder beliebigen andern Zahl, und nach der allgemeinen Wahrscheinlichkeit ist zu erwarten, dass unter 15 Gedichten in Reimpaaren je eins eine durch 30 teilbare Verszahl hat. Lachmanns Annahme würde erst dann einen gewissen Grad von Wahrscheinlichkeit gewinnen, wenn gezeigt wäre, dass unter allen Gedichten der Zeit erheblich mehr als $^1/_{15}$ durch 30 teilbar sind. Sicherheit wäre überhaupt nicht zu gewinnen. Ganz anders dagegen liegt der Fall in Wolframs Parzival und Willehalm, wo die Verszahl der einzelnen Bücher durch 30 teilbar ist. Dass dies ohne Absicht sich so oft gleichmässig wiederholt hätte, wäre gegen alle Wahrscheinlichkeit.

Das bezeichnete Verfahren muss ganz besonders bei metrischen Untersuchungen zur Anwendung gebracht werden. Wir erschliessen die Gesetze des Versbaus, wofern wir nicht eine gleichzeitige Überlieferung darüber haben, überhaupt nur aus der regelmässigen Wiederkehr bestimmter Verhältnisse in den uns erhaltenen Texten. Wo solche Verhältnisse durch einen Text von genügendem Umfange ganz konstant durchgehen, ist man leicht alles Zweifels enthoben. Wenn es sich aber um einen ganz kleinen Text handelt, so dass das Material zu einer Wahrscheinlichkeitsbestimmung nicht ausreicht, oder wenn die analogen Verhältnisse nicht mit vollkommener Regelmässigkeit wiederkehren, dann bedarf es grosser Behutsamkeit in der Beurteilung. Daher erschwert die Variabilität, welche dem Rhythmus in den germanischen Sprachen von Hause aus eigen ist, sehr die Entscheidung über die richtige Auffassung. Vollends bedarf es der Kritik bei der Ansetzung eines gelegentlichen Schmuckes, der nicht notwendig zur metrischen Form gehört. Es ist in dieser Hinsicht viel gefehlt. So hat man z. B. Zusammenstellungen über das Vorkommen von Alliteration in den mittelhochdeutschen gereimten Dichtungen gemacht und darin eine Nachwirkung des älteren alliterierenden Versbaus gesehen. Diese Zusammenstellungen beweisen an sich gar nichts dafür, dass die Alliteration beabsichtigt oder auch nur bemerkt ist. Man müsste erst zeigen, dass ihre Häufigkeit die Zahl der nach den Bedingungen der Wahrscheinlichkeit zu erwartenden unbeabsichtigten Fälle um etwas Nennenswertes übersteigt. Nach den Gesetzen für die altgermanische Alliteration sind 20 verschiedene Anlaute zu unterscheiden. Wären alle Anlaute gleich häufig, so würde unter 20 Kurzzeilen, die zwei Hauptbegriffe enthalten, je eine mit Alliteration zu erwarten sein. Wegen der verschiedenen Häufigkeit der einzelnen Anlaute stellt sich das Verhältnis etwas anders, jedoch nur noch günstiger für zufällige Alliteration. Das gleiche gilt für die Alliteration der beiden ersten Hauptbegriffe der ersten und zweiten Kurzzeile. Es ist daher wohl klar, dass auf ein Gedicht von einigem Umfange eine beträchtliche Zahl von zufälligen Alliterationen dieser beiden Arten fallen muss. Noch viel grösser wird natürlich die Zahl, wenn man alle möglichen Übereinstimmungen im Anlaut hinzufügt, die auch für Alliterationsdichtung vollständig gleichgültig sind. Ein anderes Mittel, die Wahrscheinlichkeit des Zufalles oder der Absicht zu bestimmen, wäre, dass man etwa die Werke neuhochdeutscher Dichter, die notorisch nichts von dem Kunstmittel der Alliteration gewusst haben, auf das Vorkommen entsprechender gleicher Anlaute hin untersuchte. Wieder ein anderes Mittel wäre etwa, nachzurechnen, wie oft der erste Hauptbegriff jedes zweiten Halbverses mit dem ersten Hauptbegriff des nächstfolgenden ersten Halbverses den gleichen Anlaut hat; und so könnte man noch andere Kombinationen durchprobieren. Man könnte endlich auch zusehen, wie viele scheinbare Alliterationen sich innerhalb der einzelnen Glieder eines beliebigen prosaischen Aufsatzes finden. Mit Hülfe dieser Methoden würde sich vermutlich ergeben, dass auch die Alliterationen in den betreffenden mittelhochdeutschen Gedichten unbeabsichtigt sind, abgesehen von den schon in volkstümlicher Rede geprägten Formeln wie *liep unde leit, liute unde lant* etc., die bei der ganzen Untersuchung nicht mit in Rechnung gebracht werden dürften. Ein ähnlicher Weg muss auch eingeschlagen werden, um ein richtiges Urteil über die Cäsurreime im Nibelungenliede zu gewinnen. Lachmann hat in dem Auftreten derselben ein Kriterium für die Unechtheit der betreffenden Strophen gesehen. Eine notwendige Voraussetzung ist hierbei, dass diese Reime nicht zufällig sind. Einen Massstab dafür gibt die Beobachtung, dass sich auch zwischen der zweiten und dritten Zeile einer Strophe, sowie zwischen der vierten und der ersten der nächstfolgenden Strophe eine Anzahl Cäsurreime finden (vgl. PBB 3, 441), die wegen des Nichtkongruierens mit den

Endreimen kaum beabsichtigt sein können, weshalb auch Lachmann nur einen Teil der betreffenden Strophen aus anderen Gründen beanstandet hat. Die zwischen der ersten und zweiten und zwischen der dritten und vierten Zeile sind allerdings häufiger, und es muss daher ein Streben nach Anbringung solcher Reime anerkannt werden. Aber anderseits ergibt sich doch, dass es nicht gut ausbleiben konnte, dass eine Anzahl solcher Reime sich zufällig einstellten, und wenn bei den Verfassern der alten Lieder keiner vorgekommen sein sollte, so müsste man schon annehmen, dass sie den Cäsurreim nicht nur nicht gesucht, sondern absichtlich vermieden hätten. Hieraus ergibt sich auch die natürlichste Auffassung für die Entstehung des Cäsurreimes, die zu einem schroffen Gegensatz zwischen alten Dichtern und Interpolatoren nicht stimmen will.

Auch abgesehen von bewusster Absicht reflektieren sich die Eigenheiten in der geistigen Organisation eines Individuums in seinen physischen Äusserungen, und es wird überall mit der gleichen Vorsicht untersucht werden müssen, wieviel sich von diesen auf solche Eigenheiten zurückführen lässt. Aus den einzelnen Lebensäusserungen die allgemeinen Charakterzüge zu gewinnen, ist eine der Hauptaufgaben des Historikers, natürlich, wie schon hervorgehoben, soweit es sich um wirklich bedeutende Individuen handelt.

§ 12. Eine Vereinigung der beiden Arten der Vergleichung, wie sie in den letzten Paragraphen besprochen ist, wird erfordert, wo es sich um die Feststellung des Übereinstimmenden in der geistigen Organisation einer durch Verkehrsgemeinschaft verbundenen Gruppe von Individuen und in den daraus entspringenden Äusserungen handelt. Die Ausgangspunkte für unsere Erkenntnis bilden dabei immer einzelne Thätigkeiten einzelner Individuen, mit Hülfe deren erst das zu grunde liegende Gemeinsame konstruiert werden muss, abgesehen von eventuellen Überlieferungen über dieses, die ihrerseits auch wieder auf Abstraktion aus den beobachteten Einzelheiten beruhen. Richtige Vorstellungen darüber, wie sich die einzelne Thätigkeit zu einer derartigen gemeinsamen Grundlage verhält, sind demnach schon erforderlich, wenn man weiter nichts anstrebt, als eine brauchbare Beschreibung der Zustände innerhalb einer bestimmten Periode. Schon hierzu kann die Prinzipienwissenschaft gute Dienste leisten. Nicht geringe Schwierigkeiten stellen sich in den Weg. Man hätte, genau genommen, zuerst zu zeigen, dass eine Thätigkeit sich bei dem gleichen Individuum regelmässig wiederholt und dann immer aus der nämlichen, relativ konstanten Eigentümlichkeit seiner geistigen Organisation fliesst, man hätte dann diesen Prozess an jedem einzelnen der in Betracht kommenden Individuen zu wiederholen, und erst, nachdem man bei allen Übereinstimmung gefunden hätte, könnte man etwas über das der Gesamtheit Gemeinsame aussagen. Diese Vollständigkeit der Induktion wäre aber nur erreichbar, wo es sich um Zustände der Gegenwart handelt, und kann auch bei diesen nicht leicht zu wege gebracht werden, weil sie zu umständlich und zeitraubend ist. Man begnügt sich mit einem abgekürzten Verfahren, bei dem leicht kleinere und grössere Fehler unterlaufen. Dasselbe hat Ähnlichkeit mit demjenigen, welches bei der experimentellen Feststellung von Naturgesetzen eingeschlagen wird. Man begnügt sich dabei mit einer beschränkten Zahl von Fällen, welche alle die Bedingungen mit einander gemein haben, deren Folgen man feststellen will, während sie im übrigen möglichst verschieden sind. Wenn man die an diesen Fällen gemachten Erfahrungen auf alle übrigen denkbaren überträgt, so beruht dies auf der Überzeugung von der durchgängigen Gesetzmässigkeit alles Geschehens. Der Historiker, welcher aus einzelnen Thatsachen auf die allgemeinen Zustände schliesst, hat keine so feste Grundlage der Erkenntnis. Doch muss auch er möglichst verschiedenartige Fälle, in denen die gleiche Thatsache auftritt, unter einander vergleichen, um dieselbe als usuell zu erkennen und von allem zu sondern, was bloss individuell oder durch die besondere Gelegenheit veranlasst ist. Im Nachteil gegen den Naturforscher ist er zunächst dadurch, dass er die Fälle, an denen er seine Beobachtungen machen muss, nicht willkürlich hervorrufen kann, sondern auf das gegebene, häufig ungenügende Material beschränkt ist. Die grösste Schwierigkeit aber für ihn ist, das Gebiet genau zu begrenzen, über welches sich eine traditionelle Anschauung oder ein Gebrauch erstreckt, einerseits die Umstände anzugeben, unter denen die Anschauung Geltung hat oder der Gebrauch zur Anwendung kommt, anderseits die Individuen zu bestimmen, die darin übereinstimmen. Sehr häufig bleibt man über die Grenzen im Unklaren. Dessen muss man sich deutlich bewusst sein. Es wird aber ganz gewöhnlich dadurch gesündigt, dass man etwas, was nur für ein kleines Gebiet beobachtet ist, vorschnell auf ein grösseres überträgt.

§ 13. Für jede etwas verwickeltere historische Untersuchung ist es von grossem Belang, dass in der richtigen Ordnung vorgegangen wird. Es würde zwar ein vergebliches Unternehmen sein, die mannigfachen Wege, durch die man zuerst auf eine Entdeckung geführt werden kann, in Rubriken unterzubringen und danach Vorschriften erteilen zu wollen. Hierbei wird immer ein mehr oder weniger von Talent oder Glück begünstigtes Raten seinen Platz behaupten. Nicht selten sind glückliche Ideen, wenn man auf etwas ganz anderes ausgewesen ist, zufällig nebenher aufgetaucht, wie man oft auch auf wichtige Quellen gestossen ist, ohne sie zu suchen. Anders dagegen liegt die Sache, wenn es sich darum handelt, das, was vielleicht anfangs nur glücklicher Einfall war, als richtig zu erweisen und gegen jeden Zweifel sicher zu stellen. Für die Beweisführung ist allerdings eine bestimmte Ordnung geboten. Diese Ordnung ist aber auch diejenige, mit deren Hülfe man normaler Weise die meiste Aussicht hat zu Resultaten zu gelangen, auch wenn solche noch nicht in der Ahnung vorweggenommen sind. Untersuchung und Beweisführung muss streng gesondert werden sowohl von systematischer Darstellung als von chronologischer Erzählung. Dadurch, dass man sogleich zum System oder zur Chronologie übergeht, gelangt man häufig nicht dazu, sich und andern klare Rechenschaft über die Grundlagen zu geben, auf denen das Vorgetragene ruht. Die Notwendigkeit einer andern Anordnung für die feststellende Untersuchung ist leider noch lange nicht allgemein genug anerkannt. Ich habe es wiederholt erlebt, dass man Abhandlungen, welche eine Untersuchung darstellen wollten und demgemäss disponiert waren, den Vorwurf gemacht hat, dass es ihnen überhaupt an Ordnung fehle. Man mutete ihnen zu, eine Ordnung zu befolgen, bei welcher sie ihren Zweck gar nicht hätten erreichen können, nämlich sich an ein hergebrachtes System anzuschliessen, in dem sich freilich derjenige, dem es nicht auf eine genaue Prüfung ankommt, viel bequemer zurecht finden kann. Wenn ich von einer bestimmten Ordnung gesprochen habe, so ist damit nichts weniger gemeint, als eine überall anwendbare Schablone, vielmehr gerade etwas sehr mannigfach Wechselndes, welches aber in diesem Wechsel durch einen allgemeinen Grundsatz bedingt ist. Wir müssen zunächst versuchen, unter den gegebenen Thatsachen solche herauszufinden, die auf eine bestimmte kausale Verknüpfung und Ergänzung hinweisen, die nicht mehrere gleichberechtigte Auffassungen zulassen, sondern nur eine einzige, oder bei denen wenigstens zwischen verschiedenen Möglichkeiten eine fraglos die wahrscheinlichste ist. Erst nachdem man auf diese Weise möglichst viele feste Punkte gewonnen hat, darf man den Versuch machen, ein Ganzes zu konstruieren. Man muss demnach jede Sache von derjenigen Seite angreifen, von der ihr wegen der Beschaffenheit der Quellen am besten beizukommen ist. Um sich z. B. ein Urteil über ein Sprachdenkmal zu bilden, muss man bald von Zeugnissen darüber ausgehen, bald von paläographischen, bald von sprachlichen Momenten, bald von seiner Darstellungsweise (von Komposition, Stil oder Metrum), bald von dem sachlichen Inhalt, und bei jeder von diesen verschiedenen Seiten kann bald diese, bald jene Einzelheit den besten Stützpunkt gewähren. Natürlich können verschiedene Einzelheiten, von verschiedenen Seiten her genommen, gleich brauchbar sein. Wollen wir uns ein Bild von den Eigenheiten eines Schriftstellers machen, so müssen wir von denjenigen Werken ausgehen, die wir ihm am sichersten zuweisen können und die am besten überliefert sind, um dann die aus diesen gewonnenen Resultate zur Beurteilung des Zweifelhaften und Entstellten anzuwenden. So wird z. B. die kritische Behandlung der Werke Hartmanns von Aue vom Iwein ausgehen müssen. Ebenso müssen wir unsere Vorstellungen über die Sprache, den Literaturcharakter, überhaupt über alle Kulturverhältnisse eines Volkes zu einer bestimmten Zeit zunächst aus den gleichzeitigen und von späterer Beimischung freien Quellen schöpfen. Es ist demnach ein verfehltes Unternehmen, wenn man etwa über Überarbeitungen älterer, in ihrer ursprünglichen Fassung verlorener Werke urteilen will, ohne vorher den literarischen Charakter sowohl der Zeit, welcher die Bearbeitung, als derjenigen, welcher das Original angehört, aus Werken erforscht zu haben, welche diesen Charakter rein und unvermischt zeigen. Ohne solche Vorstudien darf man sich überhaupt nicht anmassen, ein Werk um Jahrhunderte über die Zeit seiner Überlieferung zurück zu datieren, wie dies so oft geschehen ist.

Unser Grundsatz, auf den wir im folgenden immer wieder zurückkommen müssen, gilt, wie schon aus den angegebenen Andeutungen erhellt, nicht bloss für den Gang jeder besonderen Untersuchung, wie sie durch die Kraft eines Einzelnen in kürzerer oder längerer Zeit ausgeführt werden kann, sondern auch für den Gang der Wissenschaft im ganzen. Zwar wird sich derselbe niemals dem Zwange einer bestimmten Regel fügen. Der Einzelne wird sich bei seinen Studien durch die Besonderheit seiner Neigung und seiner Begabung leiten lassen, vielfach auch durch zufällige Umstände. Man wird ihm dies nicht verargen, solange dabei nur überhaupt etwas Erspriessliches herauskommt und nicht alles auf einen unnützen Hypothesenkram hinausläuft. Ist doch gar nicht immer von vornherein vorauszusehen, wozu eine Beschäftigung führen kann. Sind doch oft von Seiten her, wo man es nicht erwartet hat, der Wissenschaft neue Quellen erschlossen, neue Ideen zugeführt. Kann doch oft, wo eine eigentlich wissenschaftliche Behandlung noch nicht möglich ist, das Zusammentragen der Materialien der Folgezeit nützlich werden. Wir brauchen auch nicht erbarmungslos über die fleissigen Sammler herzufahren, wenn vielleicht von ihnen an diese Materialien phantastische Hypothesen angeknüpft werden; denn eben diese Hypothesen sind oft allein im stande, ihnen die Begeisterung einzuflössen, ohne die sie nicht bei ihrer sonst mühsamen und trockenen Arbeit ausharren würden. Aber doch muss es unser Bestreben sein, die meiste und beste Arbeitskraft immer in diejenigen Gebiete hinüberzuleiten, welche bei dem dermaligen Stande der Wissenschaft die reichste und zuverlässigste Ausbeute gewähren, die erst bearbeitet werden müssen, ehe man auf anderen mit Sicherheit weiter schreiten kann.

Die zeitweilige Bevorzugung gewisser Gebiete durch die Forschung ist nicht zu tadeln, sobald es die Gebiete sind, welche für eine in Gemässheit unseres Grundsatzes gedeihlich fortschreitende Entwickelung der Wissenschaft gerade an der Reihe sind. Freilich kann die Folge davon bei einzelnen Forschern Einseitigkeit sein, aber nur dann, wenn sie über dem Bemühen, immerfort produktiv zu sein, nicht gleichzeitig daran arbeiten, einen Überblick über das Ganze zu gewinnen. Man kann schweres Unrecht begehen, wenn man jemandem, ohne auf seine sonstige Persönlichkeit Rücksicht zu nehmen, ohne weiteres Einseitigkeit vorwirft, weil er sich in seiner Produktion auf ein bestimmtes Gebiet einschränkt. Solche Einschränkung, wenn sie sich mit weitem Ausblick und mit innerlicher Teilnahme an dem Ganzen der Wissenschaft verbindet, kann viel förderlicher sein, als ein zusammenhangloses Herumfahren auf den verschiedenen Gebieten.

Unser Grundsatz sollte endlich auch zur Anwendung kommen, um den Gang zu bestimmen, den der Einzelne bei der Aneignung der Wissenschaft und bei seinem Anteile an dem Weiterbau derselben zu nehmen hat. Zwar wird man wohl in der Regel zuerst die wichtigsten Resultate der Wissenschaft mit Hülfe von bequemen Übersichten in sich aufnehmen, deren Reihenfolge nicht dadurch bestimmt ist, wie dieselben gefunden und bewiesen sind. Aber für jeden, der zur Selbständigkeit durchdringen will, muss einmal die Zeit kommen, wo er über die Grundlagen seiner Wissenschaft reflektiert, wo er die Beobachtungen und die Denkprozesse, durch welche dieselbe zustande gekommen ist, noch einmal wiederholt in abgekürzter Form, mit Vermeidung vieler Umwege und Irrwege. Hierbei muss er, wenn er nicht der Selbsttäuschung verfallen will, den von uns geforderten Gang innehalten. Wo er selbst zu produzieren anfängt, da muss er sich so sehr als möglich davor hüten, mit Voraussetzungen zu operieren, deren Grundlagen er noch nicht hat prüfen können. Er muss sich einen Stoff wählen, der sich möglichst unabhängig von solchen Voraussetzungen behandeln lässt. Es ist ein unverzeihlicher Fehler akademischer Lehrer, wenn sie Anfänger zur Wahl von Themen verleiten, bei denen das Gegenteil der Fall ist.

2. INTERPRETATION.

§ 14. Wir verstehen einen Text, wenn in unserer Seele eben die Vorstellungsassociationen erzeugt werden, welche der Urheber desselben in der Seele derjenigen hat hervorrufen wollen, für die er bestimmt ist. Wir können es zum vollen Verständnis rechnen, dass uns auch die Empfindungen und Strebungen, die durch ihn hervorgerufen werden sollten, also bei einem Kunstwerke der ästhetische Eindruck, nicht verloren gehen, sondern dass wir daran wenigstens sympathischen Anteil nehmen. Damit aber ist erschöpft, was zum Verständnis gehört und was zu vermitteln eventuell die Aufgabe des Interpreten ist. Es geht über diese Aufgabe hinaus, etwa die Entstehungsgeschichte des Textes zu verfolgen oder die verborgenen Absichten, die sein Urheber damit gehabt hat, etc. Indessen ist nicht zu läugnen, dass das Wissen dieser und anderer Dinge unter Umständen für das Verständnis sehr förderlich sein kann und darum doch in engem Zusammenhange mit der Interpretation steht.

Der Urheber eines Textes setzt in der Regel voraus, dass ihn diejenigen, für die er bestimmt ist, ohne weiteres Hülfsmittel verstehen. Damit dies möglich ist, wird erfordert, dass zwischen dem Verfasser und seinem Publikum schon eine gewisse Übereinstimmung in der geistigen Organisation besteht, dass ihnen eine Reihe von Ideenassociationen gemeinsam sind, die nun durch den Text in Bewegung gesetzt werden und neue Verbindungen eingehen. Je grösser und vielartiger das Publikum ist, um so geringere durchgehende Übereinstimmung in den früher gebildeten Associationen kann man voraussetzen, je kleiner und gleichartiger, um so grössere. Wer ein Gelegenheitsgedicht im Freundeskreise vorträgt, kann ganz andere Voraussetzungen machen, als wer ein Werk für den literarischen Vertrieb schafft. Noch mehr Voraussetzungen lassen sich in einem Briefe an einen vertrauten Freund machen, wo andere Briefe oder mündlicher Verkehr vorausgegangen sind, die meisten aber in Aufzeichnungen, die man nur für sich selbst bestimmt, in Tagebüchern, Entwürfen etc.

Indessen ist ein Text auch denjenigen, für die er bestimmt ist, nicht immer vollständig verständlich. Durch Ungeschick oder Flüchtigkeit des Verfassers können Unklarheiten und Fehlgriffe im Ausdruck entstehen, die das Verständnis zweifelhaft oder geradezu unmöglich machen oder zu Missverständnissen veranlassen. Er kann sich über das, was er voraussetzen darf, täuschen, ist vielleicht überhaupt unfähig, darüber Berechnungen anzustellen. Er liebt es ferner vielleicht mit Gelehrsamkeit zu prunken, Anspielungen einzustreuen, Bilder zu häufen, sich geschraubt und unnatürlich auszudrücken, Wortspiele zu machen. Er kann sich auch absichtlich zweideutig oder unverständlich ausdrücken, um zu täuschen, Spannung zu erregen, zu necken. So gibt es Texte, die von vornherein für niemand ohne besondere Anstrengung oder Nachhülfe ganz verständlich sind. Es kommt denn auch vor, dass die Verfasser selbst sich zu erläuternden Anmerkungen herbeilassen.

Doch sehr viel bedeutender werden die Aufgaben, welche der Interpretation gestellt sind, wenn es sich darum handelt, das Verständnis eines Textes auch für solche Kreise zu gewinnen, auf die bei der Abfassung nicht gerechnet ist, oder deren geistige Organisation nicht berücksichtigt werden konnte. Je weniger bei diesen die vom Verfasser gemachten Voraussetzungen zutreffen, um so mehr gibt es zu interpretieren. Das Geschäft der Interpretation ist ein durchaus relatives. Es handelt sich immer darum, zwischen der vom Verfasser vorausgesetzten geistigen Organisation und einer anderen von bestimmter Art zu vermitteln und so eine Kluft zu überbrücken, welche verschiedene engere und weitere Verkehrskreise, verschiedene Berufs- und Bildungsklassen, verschiedene Nationen, verschiedene Zeitalter von einander trennt.

Man unterscheidet gewöhnlich sprachliche und sachliche Interpretation. Als rein sprachlich kann eine Interpretation nur dann bezeichnet werden, wenn man bloss durch Einsetzung eines Ausdrucks einer anderen Sprache oder einer jüngeren Sprachstufe den nämlichen Vorstellungskomplex ins Bewusstsein ruft, welchen der Verfasser ins Bewusstsein rufen wollte. Das setzt voraus, dass dieser Vorstellungskomplex auch bereits in der Seele desjenigen, für welchen das Verständnis erworben werden soll, gebildet und an einen bestimmten Lautkomplex angeheftet ist. Wo dies nicht der Fall ist, muss sich mit der sprachlichen die sachliche Interpretation verbinden. Es werden Definitionen, Beschreibungen, eventuell Anschauung der Gegenstände oder danach gefertigter Nachbildungen erfordert. Hierbei zeigt sich wieder die Relativität der Interpretation. Wo für den einen die sprachliche ausreicht, bedarf der andere auch einer sachlichen. Wenn ich es gelten lassen kann, dass man zwischen sprachlicher und sachlicher Interpretation unterscheidet, so muss dagegen die Unterscheidung zwischen sprachlichem und sachlichem Verständnis entschieden verworfen werden. Verständnis ist nur da, wenn man eine richtige Vorstellung von den Sachen hat, die durch die Sprachlaute bezeichnet werden. Die Versuche, die man gemacht hat, noch weitere Arten der Interpretation zu unterscheiden, scheinen mir wenig glücklich. So ist es z. B. verfehlt, eine historische Interpretation der sprachlichen und sachlichen zu koordinieren. Historisch muss alle Interpretation verfahren.

§ 15. Die dem Verfasser eines Textes mit seinem Publikum gemeinsamen Vorstellungsassociationen sind teils unmittelbar an die Sprachlaute angeknüpft, teils bestehen sie ohne eine solche Anknüpfung. Durch die Sprachlaute oder deren Ersatz, die Schriftzeichen, können natürlich zunächst nur die ersteren in Bewegung gesetzt werden, die letzteren nur sekundär und nur auf Grund einer Beziehung, die schon zwischen ihnen und den ersteren besteht. Übereinstimmung in diesen ist Übereinstimmung in der Sprachkenntnis, wobei aber nicht übersehen werden darf, dass wirkliche Sprachkenntnis zugleich Sachkenntnis ist; denn sie setzt eine richtige Vorstellung von den durch die Sprachlaute bezeichneten Sachen voraus. Eine gewisse Sprachkenntnis kann allerdings ohne Sachkenntnis bestehen, wenn sich nämlich die Kenntnis darauf beschränkt, dass man weiss, dass dieses Wort in der einen Sprache dasselbe bedeutet, wie jenes in einer anderen. Wenn völlige Beherrschung der Sprache, in welcher ein Text abgefasst ist, noch nicht ohne weiteres zum völligen Verständnis genügt, so liegt dies zum Teil an Verhältnissen, die zum Wesen der Sprache gehören. Das Verständnis kommt nicht so zu stande, dass man für jedes Wort die Vorstellungsmasse einsetzt, welche nach dem Sprachusus daran geknüpft ist, und dann diese Vorstellungsmassen unter einander verbindet gemäss der Bedeutung, welche die Verbindungsweise der Wörter dem Sprachusus nach hat. Es ist vielmehr ein Unterschied zu machen zwischen derjenigen Bedeutung, welche ein Wort oder eine Verbindungsweise an sich dem Usus nach hat, und derjenigen, welche es bei der Anwendung in dem besonderen Falle erhält. Wir unterscheiden danach zwischen usueller und occasioneller Bedeutung (vgl. Princ. 66). Die letztere ist ganz gewöhnlich eine Spezialisierung der ersteren. Zunächst kann ein Wort und auch eine Verbindungsweise mehrere Bedeutungen haben, von denen doch nur die eine gemeint ist. Ferner bezeichnen die Wörter an sich zumeist allgemeine Begriffe, nicht bestimmte einzelne Gegenstände, während sie doch im Zusammenhang der Rede für solche gebraucht werden. Selbst diejenigen Wörter, welche gerade die Funktion haben zu individualisieren, Pronomina wie *ich*, *dieser*, Adverbia wie *hier*, *da* erhalten einen bestimmten Inhalt nur occasionell. Die Eigennamen endlich bezeichnen zwar Individua, indem aber viele unter denselben mehreren Individuen zukommen, erhalten sie die Beziehung auf ein bestimmtes Individuum auch erst occasionell. Auf die Spezialisierung beschränkt sich die Abweichung der occasionellen von der usuellen Bedeutung nicht. Es kommt dazu alles, was man im weitesten Sinne als metaphorisch bezeichnet. Man muss daher um einen Text zu verstehen, immer erst die occasionelle Bedeutung der Wörter und ihrer Verbindungsweisen aus der usuellen ableiten. In richtiger Weise kann dies nur geschehen durch die Beachtung des Zusammenhanges. Dabei liegt die Voraussetzung zu Grunde, dass der Urheber des Textes etwas Zusammenhängendes und nicht durchaus Sinnloses hat sagen wollen, und es wird nun von den verschiedenen Möglichkeiten diejenige ausgewählt, welche dieser Voraussetzung entspricht, und diejenigen, welche ihr nicht entsprechen, werden beiseite gelassen. Gewöhnlich vereinfacht sich das Verfahren dadurch, dass in Folge des Zusammenhanges überhaupt nur die dazu passende Vorstellung ins Bewusstsein tritt. In anderen Fällen tritt zunächst ein Schwanken zwischen mehreren Möglichkeiten ein, welches dann schneller oder langsamer überwunden wird. Es gibt aber auch solche Fälle, in denen die Entscheidung auf Schwierigkeiten stösst, und nun wird ein methodisches Vorgehen erforderlich, genaue Erwägung des ganzen Zusammenhanges, der Situation und der geistigen Organisation des Urhebers. Je mangelhafter oder eigenartiger sein Stil, je unlogischer und unklarer seine Vorstellungsart ist, um so mehr Schwierigkeiten hat man dabei zu überwinden. Um zu einem richtigen Urteile darüber zu gelangen, was ein Verfasser mit seinen Worten hat meinen können, ist Vergleichung der Stellen, an denen sich Analoges findet, das Hauptmittel.

Die Eigennamen, die wir schon wegen des auch bei ihnen zutreffenden Gegensatzes zwischen usuell und occasinell erwähnen mussten, nehmen unter den Wörtern eine isolierte Stellung ein. Zu wissen, was sie, abgesehen von ihrer etymologischen Bedeutung, als Eigennamen bezeichnen, kann nicht als zur Kenntnis einer Sprache gehörig betrachtet werden. Sie gehören als solche überhaupt keiner einzelnen Sprache an, sind international und unübersetzbar. Immerhin haben sie das mit den anderen Wörtern gemein, dass durch sie Vorstellungen ins Bewusstsein gerufen werden können, die früher in der Seele damit verknüpft sind. Sie helfen sehr wesentlich dazu, auch den übrigen Wörtern individuelle Beziehung zu geben. Aber Übereinstimmung in den auf die Eigennamen bezüglichen und Übereinstimmung in den auf die übrigen Wörter bezüglichen Ideenassociationen sind zwei verschiedene Dinge, und die Kreise, die sich danach bilden, brauchen sich nicht zu decken.

Zur Kenntnis einer Sprache rechnet man gewöhnlich auch nicht das Verständnis sämtlicher technischer Ausdrücke, weil hierzu sachliches Wissen gehört, welches nicht Gemeingut ist. Dieselben haben zwar an sich nicht wie die Eigennamen etwas Besonderes den übrigen Elementen der Sprache gegenüber und lassen sich auch von diesen nicht klar scheiden, aber Verständnis und Anwendung beschränkt sich auf engere Kreise innerhalb der Sprachgenossenschaft.

Die Übereinstimmung in solchen Vorstellungsassociationen, die nicht an die Sprache angeknüpft sind, ist natürlich auch von der Sprachgemeinschaft an sich unabhängig. Die Kreise, welche sich danach bilden, können die der letzteren durchschneiden. Für das Gebiet, in dem sie zusammenfallen, lassen sich wieder besondere Voraussetzungen bei der sprachlichen Mitteilung machen. Die Übereinstimmung kann die Folge eines früheren wechselseitigen Verkehres sein, sie kann aber auch ohne einen solchen durch die gleichen äusseren Eindrücke, auch durch spontanes Zusammentreffen in dem Verarbeiten der Vorstellungen entstanden sein.

§ 16. Wir wenden uns jetzt zur Betrachtung der Mittel, die zu Gebote stehen, um die Vorstellungsassociationen, die vom Verfasser eines Textes vorausgesetzt werden, aber von uns noch nicht gebildet sind, zu erwerben. Dieselben sind teils dem betreffenden Texte selbst zu entnehmen, teils von anderen Seiten herbeizuholen. Mangelnde Sprachkenntnis ist in der Regel leicht zu erwerben, wenn es sich um lebende Sprachen handelt. Diese können von den Eingeborenen in analoger Weise wie die Muttersprache erlernt werden oder mit Hülfe der Muttersprache von Individuen, welche diese zugleich mit der fremden Sprache beherrschen. Handelt es sich um Sprachgestaltungen der Vergangenheit, so thun zunächst diejenigen Texte besonders gute Dienste, deren Inhalt zugleich in einer andern schon sonst bekannten Sprache überliefert ist. Für das Verständnis der altgermanischen Dialekte können wir uns dieses wichtigen Hülfsmittels reichlich bedienen, da wir sehr viele Übersetzungen aus dem Lateinischen haben, meist mit den Originalen zusammen überliefert, und dazu viele Glossierungen einzelner Wörter. Die gotischen Denkmäler sind Übersetzungen aus dem Griechischen. Hätten wir statt dessen originale germanische Texte, so würden uns diese zwar viel wertvoller sein, aber das Verständnis würde viel mühsamer zu gewinnen gewesen sein, und manches würde überhaupt unerklärt bleiben, worüber wir jetzt ausser Zweifel sind. Eine gewisse Vorsicht in der Benutzung dieses Hülfsmittels ist dadurch geboten, dass die Sprachkenntnis der Übersetzer und Glossatoren nicht selten mangelhaft gewesen ist. Dies muss natürlich durch zusammenhängendes Arbeiten und Vergleichung der einzelnen Stellen unter einander konstatiert werden. Eine Übersetzung ist nach dieser Richtung hin um so brauchbarer, je näher sie sich an das Original anschliesst. Doch auch für das Verständnis freier Bearbeitungen, wie wir sie in vielen poetischen Werken haben, kann hie und da die Vergleichung des Vorbildes von Nutzen sein. Ein weiteres Hülfsmittel gewähren grammatische und noch mehr lexikalische Darstellungen eines Sprachzustandes, die von Zeitgenossen herrühren. Solche haben wir seit dem 16. Jahrh. Sie bedienen sich auch zum Teil der Erläuterung durch eine andere Sprache. Sie sind für uns eine primäre Quelle nur, soweit die Verfasser aus dem eigenen Sprachgefühl und aus der Beobachtung der mündlichen Rede anderer geschöpft haben, eine sekundäre, wenn sie auf Schriftwerken beruhen. Im letzteren Falle können sie für uns nur Wert haben, wenn ihre Quellen für uns verloren gegangen sind. Eine Untersuchung darüber, wie es sich in dieser Hinsicht mit ihnen verhält, ist unerlässlich. Auch darauf hin müssen sie geprüft werden, wieweit sie unbefangen den Thatbestand darstellen, wie weit sie regelnd eingreifen wollen, und wo sie nicht die eigene Mundart darstellen, kann die Zuverlässigkeit ihrer Beobachtung in Frage gezogen werden. Ist mit Hülfe der besprochenen Mittel die Bedeutung für eine Anzahl von Wörtern festgestellt, so ergibt sich die einiger anderen dadurch, dass sie als Ableitungen aus jenen erkannt werden. Zuweilen lässt sich auch umgekehrt von der Bedeutung einer Ableitung auf die des Grundwortes oder einer anderen Ableitung schliessen. Noch viel ausgedehntere Anwendung findet der Schluss von einer Entwickelungsstufe einer Sprache auf die andere und von einem Dialekte auf einen anderen verwandten, womit der von Grundwort auf Ableitung und umgekehrt häufig combiniert wird. Viele Wörter bleiben längere Zeit sowohl in ihrer Lautform als in ihrer Bedeutung im wesentlichen unverändert oder verändern sich doch nur soweit, dass die verschiedenen Gestaltungen leicht an einander erinnern, so dass, wenn die eine bekannt ist, die anderen dazu leicht in Beziehung gesetzt werden. So kann jemand mit blosser Kenntnis des Neuhochdeutschen viele mittelhochdeutsche und selbst manche gotische oder altnordische Wörter als Vorstufen oder Verwandte ihm geläufiger Wörter erkennen. Was von den Wörtern gilt, das gilt auch von den formalen Elementen und den Konstruktionsweisen. Noch viel weiter gelangt man auf diesem Wege, wenn das blosse Raten, womit man anfängt, zu methodischer, zusammenhängender Vergleichung fortgebildet, wenn die historisch-vergleichende Grammatik und Etymologie geschaffen wird, die demnach in inniger Wechselwirkung mit der Interpretation stehen muss. Hierzu kommt nun endlich das Erraten der Bedeutung aus dem Zusammenhange. Dasselbe kann mit Aussicht auf Erfolg nur dann versucht werden, wenn wenigstens von einem Teile der in einem Texte vorkommenden Wörter die Bedeutung schon bekannt ist oder wenigstens auf anderweitige Gründe hin mit Wahrscheinlichkeit vermutet werden kann. Die Möglichkeit des Erratens einer noch ganz unbekannten Bedeutung beruht auf derselben Voraussetzung, wie die der Ableitung einer occasionellen Bedeutung aus der usuellen. Das Verfahren wird demjenigen, welches bei der letzteren angewendet wird, besonders ähnlich, wenn sich Erraten aus dem Zusammenhange und etymologisches Kombinieren mit einander verbinden. Diese Verbindung kommt sehr häufig zur Anwendung. Eins stützt das andere. Bald ist dieses, bald jenes das frühere. Die Ansetzung einer Bedeutung auf Grund etymologischer Kombination bedarf immer der Prüfung auf Grund des Zusammenhangs. Denn blosse Entsprechung in der Lautform, mag dieselbe auch durchaus zu den Lautgesetzen stimmen, gibt noch keine Gewähr für etymologischen Zusammenhang. Wo aber ein solcher vorhanden ist, da deckt sich die Bedeutung, die man danach konstruieren kann, in sehr vielen Fällen nicht mit der sprachüblichen, woher es hauptsächlich kommt, dass wir bei einer Sprache, die wir nicht beherrschen, die aber einer anderen, mit der wir vertraut sind, nahe steht, demnach auch bei einer älteren Entwickelungsstufe unserer Muttersprache, ganz besonders Missverständnissen ausgesetzt sind. In einem solchen Falle gibt zwar die Etymologie in der Regel eine Direktive für das Auffinden der wirklichen Bedeutung, es wird aber hierzu noch ein besonderes Verfahren erfordert, welches eben, wenn auch gewöhnlich schwieriger, doch dem Ableiten der occasionellen aus der usuellen Bedeutung sehr ähnlich ist. Nicht selten wird es sich dabei auch darum handeln, ob eine, wie sich aus der Etymologie ergibt, ursprünglich metaphorische Bedeutung noch als Metapher empfunden wird oder schon zur eigentlichen Bedeutung geworden ist. Vielfach muss man auf die Unterstützung der Etymologie verzichten und sich lediglich an den Zusammenhang halten. Durch denselben kann die Bedeutung zweifellos bestimmt sein, vielleicht auf den ersten Blick einleuchten. Ich verweise Beispiels halber auf den Fall, dass sie sich als der Gegensatz zu der schon bekannten eines anderen Wortes ergibt. In anderen Fällen aber bleiben verschiedene, manchmal viele Möglichkeiten, oder diejenige Bedeutung, welche allein vollständig befriedigt, ist doch zu wenig nahe gelegt, als dass man so leicht darauf verfiele. Hier kann nun wieder die Vergleichung aushelfen. Man sucht die Stellen auf, in denen das betreffende Wort (oder die Wortverbindung) etwa noch sonst erscheint. Unter diesen gibt es dann vielleicht eine oder mehrere, an der die Bedeutung aus dem Zusammenhang zweifellos erhellt, und man kann dann probieren, ob die so gefundene auch auf die übrigen Stellen passt. Oder es sind zwar an jeder einzelnen Stelle mehrere Bedeutungen möglich, es ist aber nur eine darunter, die gleichmässig für alle passt. Natürlich führt dies Verfahren nicht immer zum Ziel und ist überhaupt unanwendbar bei ἅπαξ λεγόμενα. Es darf ferner dabei nicht ausser acht gelassen werden, dass einem Worte mehrere Bedeutungen zukommen können, und dass die aus dem Zusammenhange ermittelte Bedeutung nur die occasionelle, nicht die usuelle ist. Ausserdem müssen eventuelle Abweichungen des Gebrauches in den verschiedenen Texten berücksichtigt werden. Aus dem letzteren Grunde wird man daher immer zuerst die Stellen des gleichen Textes unter einander vergleichen und demnächst die zeitlich und räumlich nahe stehenden Texte heranziehen. Es wäre sehr zeitraubend, diese Stellenvergleichung jedesmal ad hoc vorzunehmen. Es ist Aufgabe der Wörterbücher, dieselbe im grossen zu betreiben.

Auch was ausser der Sprachkenntnis von dem Verfasser eines Textes an Vorstellungsassociationen, die uns noch fremd sind, vorausgesetzt wird, kann teilweise aus dem Texte selbst mit Hülfe sorgfältiger Beachtung und Kombination aller Einzelheiten erraten werden, grösstenteils aber werden andere Hülfsmittel herangezogen werden müssen. Es kann sich dabei um Zustände und Gebräuche handeln, die zu der Zeit und in der Heimat des Verfassers bestanden. Die Interpretation muss daher auf den Untersuchungen über die Kulturverhältnisse basiert werden. Diese Untersuchungen beruhen allerdings ihrerseits zum guten Teile wieder auf Interpretation, doch daneben auch auf der Benutzung der übrigen Quellen, namentlich der Denkmäler der Kunst und des Handwerks und der geographischen Verhältnisse, woraus für viele Wörter die lebendige Anschauung der damit verbundenen Vorstellungen geschöpft werden muss. Diese Interpretation muss ferner eine vergleichende sein, indem alle Stellen, die sich auf ein bestimmtes Kulturverhältnis beziehen, zusammengestellt werden, um aus ihnen ein Gesamtbild zu konstruieren. Das Verfahren dabei ist demjenigen ganz analog, welches bei der vergleichenden sprachlichen Interpretation eingeschlagen wird. Man wird Stellen finden, aus denen sich der Aufschluss über das fragliche Kulturverhältnis unmittelbar zweifellos ergibt; man wird andere finden, von denen jede einzelne mehrere Möglichkeiten lässt, unter welchen aber nur eine allen Stellen gleichmässig Genüge thut.

3. TEXTKRITIK.

§ 17. Die Textkritik wird beginnen mit einer Untersuchung über Beschaffenheit und Herkunft der Grundlagen, aus denen unsere Kenntnis geschöpft werden muss, der Handschriften, Drucke und mündlichen Überlieferungen. Die Drucke enthalten gewöhnlich eine Angabe über Ort und Jahr ihrer Entstehung, sowie über die Werkstätte, aus der sie hervorgegangen sind. Unter den Handschriften enthalten die Urkunden regelmässig Datum und Ort, sowie den Namen des Ausstellers, der freilich nicht mit dem Schreiber identisch zu sein pflegt. Das gleiche ist gewöhnlich bei sonstigen Aktenstücken der Fall, ferner bei Briefen, in denen aber nicht selten gerade die Jahreszahl als für den Adressaten selbstverständlich weggeblieben ist, bei Tagebüchern, mitunter auch bei Manuskripten, die für den Druck angefertigt sind, und bei Entwürfen. Auch die Schreiber der vor Anwendung des Druckes für literarische Verbreitung angefertigten Handschriften haben zuweilen Angaben über ihre Person oder die Zeit, in der sie geschrieben haben, beigefügt. Ausser den Angaben, die von den Schreibern oder Druckern selbst herrühren, haben wir zuweilen sonstige Notizen über die Schicksale eines Schriftstückes, worunter solche, die in dieses selbst von späterer Hand eingezeichnet sind. Auch die allgemeinen Nachrichten über die Geschichte der Bibliothek, welcher dasselbe jetzt angehört oder nachweislich einmal angehört hat, müssen dabei verwertet werden. Wenn man so auch nicht gerade bis auf seinen Ursprung gelangt, so kann es doch schon von Wert sein, demselben überhaupt näher geführt zu werden. Wenn Angaben über Herkunft und Schicksal eines Schriftstückes fehlen, so kann man doch aus der Beschaffenheit desselben ein Urteil über Zeit und Ort der Entstehung und eventuell über die Persönlichkeit des Anfertigers gewinnen. Diese Beurteilung nach der Beschaffenheit darf auch nicht versäumt werden, wenn Angaben vorliegen, damit dieselben in Bezug auf ihre Richtigkeit geprüft werden. Die Schrift variiert wie alles Usuelle nach Landschaften und Individuen und verändert sich langsam mit der Zeit. Ihre Variabilität, wenigstens die der Schreibschrift ist gross genug, um Individualitäten mit ziemlicher Sicherheit erkennen zu lassen, bleibt aber doch immer in gewisse Grenzen eingeschlossen, so dass auch das räumlich und zeitlich Gemeinsame deutlich hervortritt. Auf Grund dieses Verhaltens ist die Ausbildung einer Schriftkunde möglich, welche die Grundzüge der

Methode mit den übrigen historisch-vergleichenden Wissenschaften gemein hat. Bei der Begründung dieser Wissenschaft musste natürlich von den nach Zeugnissen datierbaren Handschriften und Drucken ausgegangen werden. Unter diesen sind aber nur diejenigen brauchbar, die zu dem Verdachte einer falschen Angabe gar keine Veranlassung geben. Wenn mit Hülfe derselben die Eigentümlichkeiten einer jeden Zeit festgestellt sind, so kann man dann umgekehrt aus dem Vorhandensein dieser Eigentümlichkeiten Schlüsse auf die sonst unbekannte Entstehungszeit machen und kann ferner danach Zeitangaben, die irgend verdächtig erscheinen, kontrollieren. Es bedarf dazu natürlich derjenigen Kautelen, die bei aller chronologischen Bestimmung des Usuellen erforderlich sind, doch lassen sich fast immer ungefähre, nicht allzu weit auseinander liegende Grenzen vorwärts und rückwärts angeben, vorausgesetzt, dass nicht absichtliche Nachahmung eines älteren Schrifttypus vorliegt, die aus Liebhaberei oder zum Zwecke der Täuschung unternommen sein kann. Es stehen dann neben den Schriftzügen noch manche andere Kriterien für die Altersbestimmung zu Gebote, so namentlich die Beschaffenheit des Materials, das Vorhandensein oder Fehlen der Einflüsse, wie sie gewöhnlich durch die Zeit geübt werden, bei Urkunden das Siegel etc. Die Herstellung eines in jeder Hinsicht den Charakter einer bestimmten älteren Zeit tragenden Schriftstückes ist daher mit so vielen Schwierigkeiten verbunden, dass sie wenigstens in grösserem Masstabe nicht so leicht unternommen wird und noch weniger leicht den Kenner täuscht. Viel öfter kommen Fälschungen vor bei Texten, von denen vorgegeben wird, dass sie aus einer älteren Quelle geschöpft seien, ohne dass eine solche zum Vorschein kommt. In diesem Falle ist man natürlich hauptsächlich auf eine Untersuchung des Inhaltes angewiesen, daneben aber wird auch die Zuverlässigkeit desjenigen, von dem die Angabe herrührt, zu prüfen sein. Von geringerer Bedeutung als für die Zeitbestimmung ist das Kriterium der Schriftzüge für die Lokalisierung. Wenigstens in den germanischen Handschriften der älteren Zeit gibt dafür in der Regel die Sprache eine viel weiter führende Handhabe. Von grossem Werte für die Kritik ist die Beachtung der individuellen Eigenheiten. In der neueren Zeit, wo von den meisten bedeutenderen Persönlichkeiten eigenhändige Aufzeichnungen vorliegen, spielt bei der Untersuchung der Echtheit von Schriftstücken die Handschrift eine grosse Rolle, ja sie kann unter Umständen der einzige entscheidende Grund für die Zuweisung eines Schriftstückes werden. Auch wo die Persönlichkeit eines Schreibers an sich gleichgültig und vielleicht unbekannt ist, bleibt es doch von Wert, Schriftzüge zu unterscheiden oder zu identifizieren. Haben an einem Werke verschiedene Hände geschrieben, so sind danach verschiedene Partien auseinander zu halten, deren kritischer Wert besonders untersucht werden muss. Umgekehrt, sind mehrere Werke von der gleichen Hand geschrieben, so sind auch gewisse Übereinstimmungen des Verfahrens zu erwarten, so lässt sich manches, was für die Aufzeichnung des einen feststeht, auf die des anderen übertragen, z. B. chronologische Bestimmungen. Auch die Herkunft aus einer bestimmten Druckerei lässt sich zuweilen erweisen, wobei aber ausser dem Charakter der Typen noch sonstige Eigenheiten der Druckeinrichtung in Betracht kommen.

Wenn sich aus Alter und Herkunft der Handschriften und Drucke, in denen ein Werk überliefert ist, Schlüsse auf dieses selbst machen lassen, so können umgekehrt aus einem Werke Schlüsse auf Herkunft und Alter der Überlieferung gemacht werden. Diese helfen uns zwar in Bezug auf dieses nicht weiter, doch können sie indirekt wertvoll werden. Ergibt sich z. B. aus einem Werke etwas über seine Abfassungszeit, so erhalte ich damit einen Terminus a quo für die Überlieferung. Daraus kann ich wieder chronologische Schlüsse auf andere Werke machen, die etwa von der gleichen Hand überliefert sind. Zeitbestimmungen, die aus dem Inhalt der Texte entnommen werden, können auch für den Aufbau der Schriftkunde von Wert sein, die demnach nicht bloss den übrigen Kulturwissenschaften Hülfe leistet, sondern auch umgekehrt deren Hülfe in Anspruch nehmen muss, also sich nicht isolieren darf. Der Inhalt eines vorliegenden Textes deckt sich aber auch bei weitem nicht immer mit dem Originale, und daher können aus demselben Schlüsse gemacht werden, welche dieses direkt nicht betreffen. So kann namentlich aus der Sprache Zeit und Gegend der Aufzeichnung bestimmt werden, die darin von dem Urtexte weit abstehen kann.

§ 18. Haben wir es mit einer Originalaufzeichnung zu thun, so kommen die Schlüsse, die sich in Bezug auf diese, z. B. aus den Schriftzügen machen lassen, natürlich dem Werke selbst ganz unmittelbar zu gute. Bei solchen Werken, welche auf Vervielfältigung durch Abschrift berechnet sind, ist die Wahrscheinlichkeit nicht gross, dass in einer der erhaltenen Handschriften die ursprüngliche Aufzeichnung vorliege. In den meisten Fällen lässt sich das Gegenteil direkt erweisen. Daneben aber gibt es solche Produkte, deren Aufgabe durch eine einmalige Niederschrift erfüllt wird, Inschriften, Urkunden und sonstige Aktenstücke, Briefe, Tagebücher, Entwürfe, Manuskripte, die als Unterlage für den Druck angefertigt sind. Diese liegen uns, wenn sie überhaupt erhalten sind, gewöhnlich als Originale vor. Abschriften werden nur ausnahmsweise genommen, wo dies nicht erst zu wissenschaftlichen Zwecken geschieht. Sind sie ohne betrügerische Absicht angefertigt, so sind sie in der Regel auch sofort als solche zu erkennen. Es kommt aber auch vor, dass Form, Material und Schriftzüge des Originals in betrügerischer Weise nachgeahmt werden, etwa um sich das Machwerk von einem Sammler teuer bezahlen zu lassen. Es darf daher die oben bezeichnete Art der Prüfung nicht verabsäumt werden. Diese wird wesentlich erleichtert, wenn das echte Schriftstück noch zu Gebote steht und mit dem nachgemachten verglichen werden kann. Es kann dann weiter dazu kommen, dass bei der Nachahmung auch eine absichtliche Veränderung mit dem Texte vorgenommen ist, wozu namentlich bei Urkunden die Absicht, sich einen Rechtsvorteil zu verschaffen veranlassen kann. Es kommen dann sowohl äussere wie innere Kriterien für das Erkennen der Fälschung in Betracht. Wieder ein anderer Fall ist es, wenn ein Schriftstück vollständig untergeschoben ist. Man hat es dann auch mit einem Originale zu thun, welches nur etwas anderes ist, als wofür es sich ausgibt.

Ist festgestellt, dass eine Aufzeichnung original ist, so ist es dadurch noch nicht zweifellos, dass der Text ganz ohne Fehler, d. h. ganz so, wie ihn der Autor gewollt hat, überliefert ist. Es ist die Möglichkeit in Betracht zu ziehen, dass er sich verschrieben hat. Die gewöhnlichen Arten, wie man sich verschreibt, sind Auslassung eines Wortes oder einer Wortgruppe oder auch nur eines Buchstaben oder einer Buchstabengruppe, eines Teiles von einem Buchstaben oder eines Lesezeichens, ferner entsprechende Doppelschreibungen, endlich Wort- und Buchstabenvertauschungen, die in der Weise zu stande kommen, dass einem statt des eben zu schreibenden Wortes ein anderes, namentlich ein ähnliches Wort in den Sinn kommt, welches man kurz vorher geschrieben oder bald darauf zu schreiben hat. Erfolgt die Aufzeichnung auf Grund eines Diktats, so können dazu noch Fehler treten, die durch Verhören oder durch mangelhaftes Festhalten des Gehörten im Gedächtnis veranlasst werden. Es kann dann die Handschrift auch nach ihrer Fertigstellung Verstümmelungen erlitten haben durch Fortfall von Blättern, Abschneiden oder Abreissen von Stücken, Durchlöchern, Beschmutzen, Verlöschen der Schrift etc. Hierher können wir endlich auch noch die falsche Ordnung der Blätter beim Einbinden rechnen. Diese Veranlassungen zu Verderbnissen des Textes sind natürlich auch bei Abschriften vorhanden. Es treten dazu aber noch eine Menge anderer. Man kann die Veränderungen des von der Vorlage gebotenen Textes in absichtliche und unabsichtliche einteilen. Man kann die Grenze aber nicht scharf ziehen, indem eine gewisse Unbekümmertheit um genaue Wiedergabe in der Mitte liegt. Ganz unabsichtlich sind diejenigen Veränderungen, die daraus entstehen, dass der Abschreiber sich **verlesen** hat. Dieses Verlesen ist wohl von dem Verschreiben zu unterscheiden, wenn auch die Folgen beider Versehen die gleichen sein können. Auslassungen entstehen häufig infolge davon, grössere durch das Überschlagen eines Blattes, kleinere dadurch, dass das Auge nicht zu der nämlichen Stelle der Vorlage zurückkehrt, von welcher es sich zum Nachschreiben gewandt hat, oder durch ein Abirren während des Lesens. Am leichtesten wird dabei gerade eine oder mehrere ganze Zeilen übersprungen. Häufig wird die Veranlassung dadurch gegeben, dass ein Wort (oder eine Wortgruppe) sich in nicht grossem Abstande wiederholt, indem man dann von der Stelle, wo es zum ersten Male vorkommt, auf die zweite abirrt. Eine andere Art des Verlesens ist die Verwechselung ähnlich aussehender Buchstaben. Um hierüber richtig zu urteilen, sind paläographische Kenntnisse erforderlich. Begünstigt wird solche Verwechselung, wenn die Vorlage undeutlich geschrieben oder durch nachträgliche Einflüsse schwer lesbar geworden ist; ferner wenn der Schriftcharakter der Vorlage oder die darin gebrauchten Abkürzungen dem Abschreiber nicht mehr geläufig sind. Von einem Verlesen kann man nicht mehr gut sprechen, wenn seine Unkenntnis so weit geht, dass er etwas in der Vorlage überhaupt nicht versteht und sich durch blosses Raten zu helfen sucht. Auch ohne dass gerade eine Buchstabenähnlichkeit mitwirkt, kann man sich verlesen, indem man bei flüchtigem Hingleiten des Auges nicht jeden einzelnen Buchstaben deutlich perzipiert, sondern das wirklich Perzipierte durch ein Raten nach dem Zusammenhange ergänzt. Diese Art des Lesens ist die gewöhnliche, wenn die Aufmerksamkeit nicht besonders angestrengt wird. Sie genügt meistens, und Irrungen, die daraus entspringen, werden gewöhnlich sofort korrigiert, aber doch bleiben manche unbemerkt. Buchstabenverwechselungen ohne Rücksicht auf den Gedanken stellen sich bei ganz mechanischem Abschreiben ein, also namentlich, wenn der Schreiber den Text selbst nicht versteht. Sie sind daher in den germanischen Handschriften, deren Schreibern meistens die Sprache bis auf Einzelheiten verständlich war, seltener als in den lateinischen und griechischen, abgesehen von Eigennamen, namentlich fremdländischen. Dagegen ist das ungenaue Lesen und das Ergänzen nach dem Zusammenhange gerade demjenigen natürlich, dem die Sprache eines Textes geläufig ist. Neben der Ungenauigkeit der Perzeption ist mangelhaftes Haften des Gelesenen im Gedächtnis eine Hauptveranlassung zur Entstehung von Abweichungen. Beides kommt häufig zusammen. Je weniger Wert auf Genauigkeit in der Wiedergabe gelegt wird, um so leichter schiebt sich etwas anderes, namentlich etwas Geläufigeres unter. Nach gewissen Seiten hin ist Sorglosigkeit der Überlieferung gegenüber die Regel. Die **Orthographie** der Vorlage wird, wo sie von der dem Schreiber geläufigen abweicht, oder wo sie überhaupt noch schwankend ist, fast nie genau beobachtet. In der Regel entsteht eine Mischung, wobei meistens die Gewohnheit der Vorlage von der des Schreibers überwuchert wird. Ebenso verhält es sich in der älteren Zeit, wo noch keine Schriftsprache ausgebildet ist, mit den Sprachformen. Die Schreiber scheuen sich nicht, die Formen ihrer Vorlage in die ihrer eigenen jüngeren oder dialektisch abweichenden Sprache umzusetzen. Sie verfahren dabei teilweise fast ganz radikal, doch finden sich sehr verschiedene Grade der Mischung. Gewöhnlich bemühen sich die Schreiber auch in anderer Hinsicht nicht das Gelesene genau festzuhalten. Daraus entstehen wieder Auslassungen, ferner aber auch kleine Zusätze, Umstellungen, Vertauschung eines Ausdrucks gegen einen ungefähr gleichbedeutenden, wobei dann meistens das Eigentümlichere dem Gewöhnlicheren weichen muss. Diese Art der Verderbnis ist wohl in den germanischen Texten die gewöhnlichste. Dazu kommen nun die mit bewusster Absicht vorgenommenen Veränderungen. Diese können sehr verschiedenen Motiven entspringen. Verderbnisse, welche schon die Vorlage erlitten hat, rufen Besserungsversuche hervor, Lücken derselben Ergänzungsversuche. Hierbei kann zuweilen das Richtige getroffen werden, gewöhnlich aber werden diese dilettantischen Korrekturen fehl greifen. Noch gewöhnlicher vielleicht wird fälschlich eine Verderbnis angenommen, weil man den Text nicht versteht oder falsch versteht. Hierbei befindet sich der Verbesserer noch in dem guten Glauben, den Absichten des Autors zu entsprechen. Er kann aber auch, unbekümmert um diese, den Text seinen eigenen Bedürfnissen und Wünschen anpassen, sowie denen des Publikums, für das er schreibt. Die Umsetzung in die eigene Sprache kann mit überlegter Absicht vorgenommen und tief einschneidend werden. Wird durch sprachliche Umsetzung der Versbau zerstört, so kann das stärkere Änderungen veranlassen, die diesen wieder in Ordnung bringen. Die Verstechnik an sich ist sehr häufig die Ursache zu einer Umarbeitung gewesen. So sah man sich in Deutschland, als im Laufe des 12. Jahrh. ein regelmässigerer Versbau und eine genauere Reimbindung durchdrang, veranlasst, die älteren Dichtungen den neueren Kunstforderungen anzupassen. Ähnlich haben sonstige Wandlungen in der allgemeinen Geschmacksrichtung gewirkt. Dazu kommt dann das subjektive Gefallen des Einzelnen. Religiöse, politische und persönliche Tendenzen haben sich eingedrängt. Die Überarbeitung kann so weit gehen, dass sie geradezu als ein neues Werk erscheint, dem das ältere nur als Quelle gedient hat.

Drucke verhalten sich im wesentlichen wie Abschriften. Doch haben die Druckfehler den Verschreibungen gegenüber manches Eigenartige, was durch die Technik des Druckens bedingt ist. Man denke z. B. an die häufige Verwechselung von n und u. Die Erhaltung des ursprünglichen Textes ist durch die Einführung des Druckes sehr erleichtert. Blieb es bei einer Auflage, so war zu nachträglichen Veränderungen überhaupt keine Veranlassung gegeben. Aber selbst ein Werk, welches wiederholt aufgelegt wurde, ging doch nicht durch so viele Hände, als wenn es durch Abschrift stark verbreitet wäre. Die Möglichkeit auf den ersten Druck zurückzugreifen, blieb, weil derselbe doch in einer Anzahl von Exemplaren verbreitet war, viel grösser, als die Möglichkeit, auf eine einzige erste Niederschrift zurückzugreifen, die noch dazu als solche in der Regel nicht zu erkennen war. Zugleich lohnte sich grössere Genauigkeit in der Wiedergabe und eine Kontrolle des Setzers viel mehr, weil sie nicht mehr bloss einem einzigen Exemplar zu gute kam. Indessen muss man sich hüten, die wirklich angewendete Sorgfalt zu überschätzen. Es zeigt sich vielmehr, dass man auch bei den Drucken bis auf die neueste Zeit meist sehr achtlos verfahren ist. Man muss sich zu ihnen ebenso kritisch verhalten wie zu Handschriften. Zurückgehen auf den ersten Druck gibt auch noch keine Gewähr für Unverfälschtheit. Auch dieser ist wohl kaum je die erste schriftliche Niedersetzung. Selbst in den Fällen, wo die Drucker zugleich Verfasser sind, was in der älteren Zeit nicht so ganz selten ist, wird doch eine geschriebene Aufzeichnung vorangegangen und zu grunde gelegt sein. Eine Kontrolle von Seiten des Verfassers durch Lesen einer Korrektur ist in der früheren Zeit nicht üblich gewesen, auch später oft versäumt oder nachlässig gehandhabt. Der Text ist daher in den Drucken zunächst nicht viel anders behandelt als in den Handschriften. Namentlich wurde auch in ihnen die Orthographie und selbst die Sprache willkürlich geregelt. Wo demnach das Manuskript des Verfassers vorhanden ist, da ist es für die kritische Behandlung des Textes zu Hülfe zu nehmen. Auch Korrekturbogen, die von dem Verfasser gelesen sind, dürfen nicht vernachlässigt werden, da er darin dem Manuskript gegenüber noch Änderungen vorgenommen haben kann.

Den stärksten Veränderungen ist ein Text in der mündlichen Überlieferung ausgesetzt. Hierbei spielt wieder das Verhören eine Rolle, eine viel grössere aber natürlich das mangelhafte Haften im Gedächtnis.

§ 19. Der Textkritiker hat sich ein Urteil darüber zu bilden, wieweit die überlieferte Textgestaltung mit der ursprünglichen Aufzeichnung und mit der vom Verfasser gewollten Fassung übereinstimmt oder nicht. Er muss zu diesem Zwecke untersuchen, ob das Überlieferte der Eigentümlichkeit des Verfassers und den besonderen Absichten, die er bei der Abfassung gehabt hat, entspricht. Diese Untersuchung hat einen festen Ausgangspunkt, wenn bereits konstatiert ist, wer der Verfasser ist, wenn man etwas von Belang über seine Persönlichkeit weiss, namentlich seine Heimat und Lebenszeit kennt, und wenn andere Erzeugnisse derselben Zeit und derselben Gegend, vielleicht solche des Verfassers selbst vorliegen. Dann hat man einen Massstab, der freilich auch eventuell seinerseits nach dem Texte, um den es sich handelt, korrigiert werden muss. Viel ungünstiger ist man daran, wenn die bezeichneten Kenntnisse noch fehlen. Steht ein Denkmal zeitlich und räumlich isoliert da, so nützt es zur Beurteilung des Textes nicht viel, ob man es genau datieren kann. Haben wir keine sonstigen Anhaltspunkte, um die Herkunft eines Denkmals zu bestimmen, so kompliziert sich die Untersuchung darüber mit den Fragen der Textkritik. Eine Entscheidung auf dem einen Gebiete ist massgebend für das andere. Ein Beispiel bietet die sogenannte Nibelungenfrage. Lachmann entschied sich für den mangelhaften Text von A in Hinblick auf seine Annahme, dass das Werk aus Einzelliedern zusammengefügt und mit Interpolationen durchsetzt sei. Bartschs Auffassung des Handschriftenverhältnisses und Rekonstruktion des Originals ist untrennbar von seiner Bestimmung der Abfassungszeit. Je weiter der Spielraum in Bezug auf die Verfasserfrage ist, je weiter ist er auch in Bezug auf die Textkritik, um so schwieriger ist es, eine willkürfreie Grundlage zu gewinnen.

Bei der Prüfung der Überlieferung können sich entscheidende Argumente für oder wider die Echtheit einer Lesart ergeben, in sehr vielen Fällen aber wird man nicht in der Lage sein, solche zu finden. Einen wesentlichen Unterschied macht es, ob einfache oder mehrfache Überlieferung vorliegt. Im letzteren Falle hat bei den Abweichungen eine vergleichende Abwägung statt, aus welcher sich mit eins Gründe für die Echtheit der einen und für die Unechtheit einer oder mehrerer anderen Überlieferungen ergeben können. Hierbei geschieht es leicht, dass man eine Lesart, die zu beanstanden kein zwingender Grund vorläge, wenn sie allein überliefert wäre, doch verwirft, weil sie sich weniger angemessen zeigt als eine andere daneben überlieferte.

Dass man zu einem zusammenfassenden Urteile über den Wert jeder Handschrift im ganzen durchdringen muss, ist noch weiterhin zu zeigen. Zunächst aber kann man nicht anders verfahren, als dass man die einzelnen Stellen nach einander vornimmt und für sich beurteilt. Dabei muss natürlich jede in ihrem Zusammenhange aufgefasst werden. Wo sich zwischen verschiedenen Überlieferungen an mehreren Stellen Abweichungen finden, die sich gegenseitig bedingen, müssen sie zusammen betrachtet und dabei von derjenigen Stelle ausgegangen werden, welche die besten Anhaltspunkte gewährt.

Grundbedingung, um zu einem Urteil zu gelangen, ist, dass zuerst die Interpretation mit allen zu Gebote stehenden Hülfsmitteln versucht wird. Doch kommt auch manches in Betracht, was ausserhalb der Aufgabe der Interpretation liegt. Hierher gehört namentlich die Beurteilung der äusseren Sprachform und bei poetischen Werken die der Metrik. Die Sicherheit des textkritischen Urteils ist immer abhängig von der Sicherheit des Verständnisses und von der Sicherheit in der Kenntnis aller derjenigen Verhältnisse, unter denen ein Denkmal entstanden ist. Da aber diese Kenntnis doch grösstenteils aus Sprachdenkmälern geschöpft werden muss, die nicht ohne vorhergegangene Textkritik benutzt werden können, so haben wir hier den eigentümlichen Zirkel, in dem sich überhaupt die philologische Thätigkeit bewegt, und es muss nach dem dafür allgemein gültigen Prinzip verfahren werden, indem man die betreffende Kenntnis aus den am einfachsten zu beurteilenden und unverdächtigsten Stellen abstrahiert und dann auf die schwierigen anwendet.

Zu einem methodischen Vorgehen bei der Beurteilung ist das wesentlichste Hülfsmittel wieder die Vergleichung analoger Stellen. Dieselbe ist namentlich erforderlich um festzustellen, was man einem Autor zutrauen darf. Hierzu sind zunächst seine eigenen Erzeugnisse vollständig zu durchforschen. Hat man dieselben alle in der gleichen Überlieferung, so ist durch den Nachweis analoger Stellen freilich noch nicht der Verdacht ausgeschlossen, dass an denselben das Original gleichmässig geändert ist, und dies wird bei planmässiger Überarbeitung nicht selten der Fall sein. Grössere Sicherheit gewährt Übereinstimmung zwischen Werken, die in ganz verschiedenen Handschriften überliefert sind. Neben den eigenen Werken des Autors thun diejenigen die besten Dienste, welche ihm zeitlich und örtlich und in der Gattung am nächsten stehen. Doch sind selbstVergleichungen zwischen weit auseinander liegenden Werken unter Umständen nicht wertlos, um allgemeine Möglichkeiten zu erweisen.

Zu der Annahme einer Verderbnis kann man dadurch geführt werden, dass ein Wort (oder eine Wortgruppe) überhaupt unverständlich ist und daher auch in den bekannten Sprachschatz nicht eingereiht werden kann. Die Verderbnis kann sich noch dadurch verraten, dass die Gestalt des Wortes mit den Lautverhältnissen der Sprache unvereinbar ist. Ohne das ist die Unverständlichkeit an sich ein zwingender Grund nur, wo es sich um eine Sprache handelt, die man vollkommen beherrscht. Mitunter kann die Unanfechtbarkeit eines solchen Wortes durch Parallelen gestützt werden. Vielfach wird man aus dem Zweifel nicht herauskommen. Etwas ähnliches gilt, wenn von den bekannten Bedeutungen eines Wortes keine in den Zusammenhang hineinpasst. Vielfach ist ein Satz an sich nicht sinnlos, scheint aber in den weiteren Zusammenhang nicht zu passen, oder es scheint etwas überflüssig, oder man vermisst etwas. Hierbei ist besonders die Vorsicht geboten, dass man nicht einen absoluten logischen oder ästhetischen Massstab anlegt, sondern sich durch zusammenhängende Betrachtung ein Bild von der besonderen Vorstellungsweise des Verfassers zu machen sucht. Über Unrichtigkeiten in der Sprachform oder in der Konstruktionsweise wird man wieder nur auf Grund genauer Sprachkenntnis urteilen können und wird sich, wo diese mangelt, oft bescheiden müssen. Verschieden von den eigentlichen Sprachfehlern ist die Einmischung jüngerer oder dialektisch abweichender Formen. Wenn man dafür nicht schon anderswoher einen Massstab hat, so erkennt man, dass überhaupt eine Veränderung der ursprünglichen sprachlichen Gestalt stattgefunden hat, in der Regel an dem Mangel eines einheitlichen Charakters, wiewohl freilich nicht jedes Schwanken ohne weiteres auf Sprachmischung zurückgeführt werden darf. Welche Formen älter, welche jünger sind, das ist in der Regel leicht zu entscheiden; doch kann sich derjenige, der sprachwissenschaftlich nicht geschult ist, auch darin täuschen. Die älteren ergeben sich von selbst als die ursprünglichen. Grössere Schwierigkeiten kann es machen, bei der Mischung verschiedener Dialekte den ursprünglichen herauszuerkennen. Das Haupthülfsmittel zur Erkenntnis der durch fremdartige Einflüsse verdorbenen ursprünglichen Sprachformen ist bei poetischen Texten der Versbau. Mit Hülfe desselben gelingt es häufig auch ohne sonstige Anhaltspunkte ein Denkmal einem schon sonst bekannten Dialekte und einer bestimmten Zeit zuzuweisen, und man ist dann in der Lage die Kenntnis des Dialektes für die Kritik zu verwerten. Absolute Sicherheit in Bezug auf alle Einzelheiten des ursprünglichen Sprachcharakters ist kaum je zu erreichen, indessen darf man doch nicht versäumen, zu versuchen, wieweit man darin kommt, schon deshalb, weil manche sonstige Fragen der Textkritik mit der Beurteilung der Sprachformen in engem Zusammenhange stehen. Einer solchen Geringschätzung derartiger Bemühungen, wie sie Haupt in der Vorrede zu Des Minnesangs Frühling ausgesprochen hat, wird heute kaum noch jemand beistimmen. Der Versbau lässt auch sonst eine Menge von Fehlern erkennen, Auslassungen und Zusätze, Umstellungen, Wortvertauschungen etc. Doch müssen die Regeln des Versbaues selbst erst durch eine allseitige Prüfung und Vergleichung der Überlieferung gewonnen werden, die daher nicht vorschnellen Verallgemeinerungen zu Liebe, die aus einem willkürlich ausgewählten Materiale gewonnen sind, preisgegeben werden darf.

Ein gutes Hülfsmittel zur Erkennung von Fehlern gewähren eventuell die Quellen, die der Verfasser benutzt hat. In der günstigsten Lage befindet man sich bei der Kritik einer Übersetzung, deren Original man zur Verfügung hat.

Mit einer Verderbnis kann auch die Ursache ihrer Entstehung erkannt werden. Diese ergibt sich dann am leichtesten, wenn die richtige Lesart in einer anderen Überlieferung vorliegt und zur Vergleichung herangezogen werden kann. Wenn die letztere nicht überliefert ist, so ist eine Vermutung über die Entstehung des Fehlers nur möglich in Verbindung mit einer Vermutung über die ursprüngliche Gestalt des Textes. Doch braucht diese unter Umständen nur allgemeiner Art zu sein. Man kann z. B. vermuten, dass etwas ausgelassen ist, ohne doch von dem Wortlaut des Ausgelassenen eine Vorstellung zu haben. Für die Wahl zwischen verschiedenen Lesarten kann der Umstand, dass die Entstehung der einen aus der anderen leicht begreiflich ist, nicht umgekehrt, ausschlaggebend sein.

§ 20. Durch Zusammenfassung der besonderen Urteile über einzelne Stellen gewinnt man ein Gesamturteil über die Autorität, die eine Handschrift im ganzen für die Ermittelung des ursprünglichen Textes in Anspruch nehmen darf. Man muss sich dabei an diejenigen Stellen halten, über die sich aus inneren Gründen eine möglichst zweifellose Entscheidung fällen lässt. Das aus diesen gewonnene Gesamturteil hat dann den Wert, dass die für sich zweifelhaft bleibenden Stellen nach dem Masse der Autorität beurteilt werden, welche jeder Handschrift im ganzen zuerteilt ist. Bei dieser Art der Schlussfolgerung wird die Voraussetzung gemacht, dass der Abschreiber weder seine Vorlage noch sein Verfahren derselben gegenüber in einem fort wechselt, sondern dass er in dieser Hinsicht einigermassen konstant ist. Gleichmässigkeit ist die Regel. Doch kommt es nicht so selten vor, dass etwa der vordere Teil aus einer anderen Quelle geschöpft ist, als der hintere, dass ein Abschreiber in einem Teile nachlässiger verfahren ist als in einem anderen, dass ein Überarbeiter einen Teil weniger geschont hat als den anderen. Die particenweise Verschiedenheit wird sich in der Regel ebenso wie durchgängige Gleichmässigkeit an den Stellen bekunden, die ein Urteil aus inneren Gründen zulassen, und man kann dann von ihnen einen Analogieschluss auf die übrigen machen. Man verliert dagegen allen Anhalt bei einem durchgängigen Wechsel der Quellen und der Art ihrer Benutzung. Indessen muss sich doch auch ein solcher Wechsel in den beurteilbaren Stellen reflektieren. Wo mehrere Hände an einem Texte geschrieben haben, ist natürlich die Arbeit einer jeden besonders zu würdigen. Andererseits darf man es sich nicht entgehen lassen, wenn verschiedene Denkmäler in einer Niederschrift von der gleichen Hand vorliegen, davon Nutzen zu ziehen. Es kann sein, dass man bei einem dieser Denkmäler Mittel hat, das Verhalten des Schreibers zu seiner Vorlage festzustellen, und dass man dann diese Feststellung für ein anderes, bei dem solche Mittel fehlen, verwerten kann.

Man kann zunächst untersuchen, ob Anhaltspunkte dafür da sind, dass eine Hs. sich in stärkerem oder geringerem Grade von dem Originale entfernt, und man kann darnach die verschiedenen vorhandenen Hss. in eine Rangordnung bringen. Hierbei kann das höhere Alter einer Hs. als ein Moment für die grössere Zuverlässigkeit mit in Anschlag gebracht werden. Wenn man aber auch daraus ein günstiges Vorurteil ableiten darf, so können dadurch doch niemals anderweitige Erwägungen erspart werden, die nicht selten zu einem entgegengesetzten Urteile führen. Wichtig ist es ferner, ein Bild von dem Verfahren des Schreibers zu gewinnen, die Veranlassungen festzustellen, die ihn zu Abweichungen von seiner Vorlage geführt haben. Sind wir in der Lage, an einer Reihe von Stellen bestimmte Arten der Entstellung, bestimmte Tendenzen zur Überarbeitung nachzuweisen, so haben wir damit einen Anhalt, nach welcher Richtung wir auch sonst die Abweichungen von dem Originale zu suchen haben. Erleichtert wird uns die Beurteilung des Verfahrens, welches ein Schreiber oder Überarbeiter eingeschlagen hat, wenn wir andere von ihm geschriebene oder überarbeitete Werke oder vielleicht gar Originalarbeiten von ihm vergleichen können. Die Verhältnisse können dadurch sehr kompliziert werden, dass wir etwa in der Hs. erst das Resultat der Arbeit verschiedener auf einander folgender Abschreiber oder Überarbeiter vor uns haben, deren Verfahren ein sehr verschiedenes gewesen sein kann. Endlich ist durch die Zusammenfassung der Einzelheiten ein Urteil über das Verhältnis der Hss. zu einander zu gewinnen. Die besondere Beziehung, in der mehrere Hss. zu einander den übrigen gegenüber stehen, besteht entweder darin, dass eine direkt aus der anderen geschöpft hat, oder dass sie zusammen eine gemeinsame Quelle haben, von der die übrigen unabhängig sind. Die Aufgabe ist, eine Art Genealogie aufzustellen, bei der verschiedene nur erschlossene Mittelglieder fungieren können. Jede besondere Beziehung kann nur erwiesen werden auf Grund besonderer gemeinsamer Abweichungen von dem Original. Es müssen also solche bereits auf Grund innerer Kriterien erkannt sein, und man muss sich nur auf solche stützen, bei denen man möglichst sicher sein kann. Hierbei ist zu berücksichtigen, dass nicht jede Übereinstimmung in einer Abweichung ohne weiteres auf einen historischen Zusammenhang weist, dass vielmehr auch manche sich zufällig kann ergeben haben. Dies gilt von allen unbedeutenden und nahe liegenden Änderungen. Wo mehrere Überarbeiter in der Tendenz übereinstimmen, können sie leicht auch im einzelnen hie und da genau zusammentreffen. Man hat sich daher zunächst an die bedeutenderen und eigenartigeren Abweichungen zu halten, bei denen man ein zufälliges Zusammentreffen als ausgeschlossen betrachten kann. Die übrigen können nur auf Grund ihrer relativen Häufigkeit mit in Betracht gezogen werden, wobei aber berücksichtigt werden muss, dass Hss. um so öfter in Abweichungen zufällig zusammentreffen werden, je grösser die Zahl dieser Abweichungen im ganzen ist. Abzuschätzen, wieviel Spielraum man dem Zufall zuweisen darf, ist keine so einfache Aufgabe. Um einen Massstab dafür zu gewinnen muss man Beobachtungen über das Zusammentreffen von solchen Handschriften anstellen, bei denen die Annahme einer näheren Verwandtschaft völlig ausgeschlossen ist. Bei diesen Schwierigkeiten begreift es sich, dass es Fälle genug gibt, in denen man zu einem entscheidenden Resultat nicht gelangt, zumal da auch noch die Benutzung mehrerer Vorlagen durch den gleichen Schreiber in Erwägung kommen kann. Führt die Untersuchung über das Verwandtschaftsverhältnis der Hss. zu bestimmten Resultaten, so ergibt sich leicht, wie dieselben für die Textkritik zu verwerten sind. Als wertlos fallen selbstverständlich diejenigen weg, die als abgeleitet aus einer anderen noch vorliegenden nachgewiesen sind. Dagegen darf prinzipiell keine andere ausgeschlossen werden, wenn es auch bei reichhaltiger Überlieferung wohl sein mag, dass es für die Textherstellung irrelevant bleibt, ob diese oder jene Hs. benutzt ist oder nicht. Von vornherein lässt sich das nicht wissen. Hat man drei von einander unabhängige Hss., so wird man natürlich im allgemeinen die Übereinstimmung zweier als entscheidend für die grössere Ursprünglichkeit ansehen. Indessen darf auch hier wieder die Möglichkeit eines zufälligen Zusammentreffens nicht ausser acht gelassen werden, die man nach den oben angedeuteten Gesichtspunkten beurteilen muss. Das Verfahren darf daher kein mechanisches werden und man darf sich die Erwägung der inneren Gründe, die etwa für Bevorzugung der alleinstehenden Hs. sprechen, nicht ersparen. Es ergibt sich denn auch, dass, wo mehr als drei Hss. vorhanden sind, von denen sich keine in ein besonderes Verwandtschaftsverhältnis zu der andern bringen lässt, ein zufälliges Zusammentreffen nicht ausbleibt. Es stellen sich etwa 2 gegen 2, 3 gegen 2 etc. Neben der Zahl der Zeugen und den inneren Gründen, die in Bezug auf die einzelne Lesart in Betracht kommen, ist der Wert jeder einzelnen Hs. und ihr besonderer Charakter in Rechnung zu ziehen. Häufig hört man den Satz, man müsse die Zeugen wägen, nicht zählen. Richtiger ist es gewiss, sie sowohl zu zählen als zu wägen, ihre Unabhängigkeit vorausgesetzt. Es wird gewiss oft gerechtfertigt sein, etwa zwei besseren vor drei schlechteren Hss. den Vorzug zu geben. Aber verfehlt ist es, auf das Zeugnis einer Hs. darum, weil sie an sich die beste ist, mehr Gewicht zu legen, als auf das übereinstimmende einer Reihe anderer unabhängiger Hss., von denen jede an sich schlechter ist. Komplizierter wird das Verfahren, wenn mehrere Hss. zunächst auf eine verlorene Vorlage zurückgehen. Dann ist zunächst der Text dieser Vorlage zu konstruieren, gleichfalls nach den soeben erörterten Grundsätzen, und diese Vorlage wird dann weiterhin wie eine einzelne Hs. verwertet. Indessen muss doch schon bei der Rekonstruktion der Vorlage auf die andern davon unabhängigen Hss. Rücksicht genommen werden. Der einfachste Fall wäre, wenn von den Hss. A, B, C die beiden letzteren zunächst auf eine gemeinsame Grundlage X zurückgingen. Dann würde Übereinstimmung zwischen A und B oder A und C, wo nicht besondere Gegengründe vorliegen, entscheidend sowohl für den Text von X wie für den allen gemeinsamen Grundtext sein. Verwickeltere Verhältnisse können eintreten, wenn noch eine weitere Hs. D auf X zurückgeht, die mit B und C koordiniert ist. Sehr klar liegt dann die Sache, wenn etwa A mit B und C gegen D stimmt. Es kann sich aber auch wohl ereignen, dass AB gegen CD steht. Dann würde eine isolierte Betrachtung der Gruppe X dazu führen, die Lesart von CD als die der Vorlage X anzusetzen, dagegen eine gleichzeitige Berücksichtigung von A die Annahme nahe legen, dass hier doch vielleicht B allein gegen CD den Text der Vorlage X bewahrt hat. Man kommt dann nicht darüber hinweg: es muss ein zufälliges Zusammentreffen vorliegen, entweder zwischen C und D oder zwischen A und B, und man muss nun abwägen, welche von diesen beiden Möglichkeiten die grössere Wahrscheinlichkeit für sich hat. In eine ähnliche Lage gerät man häufig. Die Verhältnisse können noch viel verwickelter werden. Mit einfachen Grundsätzen kommt man selten völlig zurecht, und der Grad der Sicherheit, bis zu dem man gelangen kann, ist ein sehr verschiedener.

Hier mag noch die Bemerkung angefügt werden, dass neben den Handschriften und Überarbeitungen ganzer Werke auch die Citate berücksichtigt werden müssen, die etwa aus denselben von späteren Autoren genommen sind. Auch diesen muss ihre Stellung angewiesen und ihr Wert muss geprüft werden. Selbst wenn dieselben nach dem Gedächtnis und nicht mit grosser Genauigkeit aufgeführt werden, so ergibt sich doch mitunter eine nähere Übereinstimmung mit dieser oder jener Hs. oder Handschriftengruppe. Der Text der Citate als solcher kann natürlich auch in verschiedenen Fassungen vorliegen. Das Werk, welchem das Citat entnommen, und dasjenige, in das es eingefügt ist, geraten so in Bezug auf textkritische Behandlung in Beziehung zu einander. Es werden Schlüsse aus den Verhältnissen des einen auf die des andern möglich, die man sich zu Nutze machen muss. Ein Citat kann für die Kritik des Werkes, dem es entnommen ist, namentlich dann wertvoll sein, wenn die Entnahme der Entstehung desselben zeitlich nahe steht, näher als irgend eine Handschrift.

Nicht bloss Citate, auch Nachahmungen können in dieser Richtung von Wert sein. Das bekannte Gedicht Walthers von der Vogelweide *Von Rôme voget, von Pülle künec* (La. 28, 1.) ist von seinem jüngeren Zeitgenossen Ulrich von Singenberg parodiert. In der achten Zeile liest Lachmann mit AC *kume ich späte und rîte fruo*, während B hat *sus rîte ich fruo und kume niht heim*. Bei Ulrich lautet die entsprechende Zeile *sus rîte ich späte und kume doch heim* (nach B, *sust heize ich wirt und rite hein* C). Hieraus ergibt sich, dass Ulrich schon den Text von B vor sich hatte, und anderseits, dass in seinem Gedichte an dieser Stelle B das Ursprüngliche bewahrt hat.

§ 21. Von dem negativen Resultate der Erkennung einer Verderbnis oder Überarbeitung sucht der Textkritiker zu positiver Wiederherstellung des Ursprünglichen fortzuschreiten, wo dasselbe noch nicht in einer anderen Überlieferung gegeben ist. Die Konjekturalkritik ist von den klassischen Philologen ganz besonders gepflegt und gilt vielen als das Höchste in der philologischen Thätigkeit. In Wahrheit kommt ihr nur innerhalb bestimmter enger Schranken der Wert wirklicher Erkenntnis zu. Wenn sie sich nicht innerhalb dieser Schranken gehalten hat, so liegt dies zunächst daran, dass sich ein ästhetisches Bedürfnis an Stelle des Strebens nach gegründeter Erkenntnis untergeschoben hat, das Bedürfnis, einen von allen Anstössen befreiten, gut lesbaren Text vor sich zu haben. Einen solchen unter allen Umständen zu liefern wird von vielen geradezu als die Pflicht eines Herausgebers angesehen, ohne dass erwogen wird, welche Gewähr man hat, damit dem Originale näher zu kommen als die Überlieferung. Hierzu kommt nun, dass die Konjekturalkritik eine ganz besonders günstige Gelegenheit bietet, sich an seinem Scharfsinn innerlich zu ergötzen und nach aussen Bewunderung dafür zu erregen.

Handelt es sich darum, etwas, was gar keinen oder einen unangemessenen Sinn gibt, durch etwas Angemessenes zu ersetzen, so ist dabei die nämliche Operation zu vollziehen, wie wenn der noch unbekannte Sinn eines Wortes oder einer Wendung erraten wird. Nur muss man zu dem Sinn, den der Zusammenhang verlangt, auch noch den sprachlichen Ausdruck finden. Eine wesentlich andere Thätigkeit ist die Korrektur des sprachlichen Ausdrucks ohne Veränderung des Sinnes, wieder eine andere die Korrektur der metrischen Form. Vermutungen über die Art, wie die vorliegende Veränderung des Originals entstanden sei, zeigen die Richtung, nach welcher sich das Konjizieren zu bewegen hat. Der Ausgangspunkt bei dem Suchen nach der geeigneten Textgestaltung und die Reihenfolge der Ideen kann mannigfach wechseln.

Nicht selten taucht eine Konjektur schon im nämlichen Augenblicke auf, in dem man Anstoss an der Überlieferung nimmt. So kann man z. B. viele Sprachfehler nicht bemerken, ohne zugleich im Sinne zu haben, was man an ihrer Stelle als das Richtige erwartet. Auch wenn man etwas als dem Dialekte des Originals nicht entsprechend erkennt, wird es in der Regel schon mit etwas anderem verglichen, was man auf Grund seiner Kenntnis dieses Dialektes erwartet. Die Korrektur vieler Schreib- und Lesefehler ergibt sich so unmittelbar aus dem Zusammenhange, dass sie jeder macht, der überhaupt der Sprache mächtig ist. Ja das Erraten des Richtigen kann der genauen Auffassung des vorliegenden Falschen vorauseilen, wie sich daraus ergibt, dass viele Druckfehler nicht bemerkt werden.

Von jeder Konjektur muss natürlich verlangt werden, dass sie in allen Hinsichten angemessen ist, dass sie in den Zusammenhang passt und mit den geschichtlichen Verhältnissen, unter denen das betreffende Werk entstanden ist, in keinem Widerspruch steht. Kenntnis dieser Verhältnisse, wozu auch die Individualität des Verfassers gehört, ist eine notwendige Vorbedingung, um überhaupt eine angemessene Konjektur machen oder über eine von andern gemachte urteilen zu können. Die Angemessenheit allein entscheidet aber noch nicht für die Richtigkeit einer Konjektur. Es gibt Fälle, in denen leicht mehrere Konjekturen neben einander gestellt werden können, von denen die eine so angemessen ist wie die andere. Hiervon eine auszuwählen und in den Text zu setzen, ist natürlich reine Willkür, und der Wissenschaft ist damit nicht gedient. Eine derartige Auswahl bietet sich namentlich da, wo der Anstoss nicht vom Sinne, sondern nur vom Versmass ausgeht. Viel eingeschränkter ist die Auswahl, wenn es sich darum handelt, ein Reimwort zu korrigieren oder zu ergänzen. Hierbei ist es nicht selten, dass unter gleichzeitiger Berücksichtigung der Forderung eines angemessenen Sinnes nur eine Möglichkeit bleibt. Daher ja auch der Gebrauch, unanständige Wörter im Reime nicht auszuschreiben, sondern ganz oder teilweise erraten zu lassen. In anderen Fällen macht es Schwierigkeiten, überhaupt irgend etwas angemessenes zu finden, und man ist dann sehr geneigt, wenn diese Schwierigkeit doch irgendwie überwunden ist, anzunehmen, dass damit auch das Echte gefunden sei. Indessen kann man es doch selten als erwiesen betrachten, dass es keine andere Möglichkeit der Besserung gibt.

In der Regel muss zu der Angemessenheit etwas anderes hinzukommen, um einer Konjektur Gewähr der Richtigkeit zu geben. Vor allem kommt hier in Betracht, dass man in der Lage ist, die Entstehung des Überlieferten ungezwungen aus dem als ursprünglich Vorausgesetzten zu begreifen. Wenn mehrere Konjekturen gleich angemessen sind, so verdient diejenige den Vorzug, von welcher aus man am leichtesten zu dem Überlieferten gelangt. Am sichersten zu verbessern sind unabsichtliche Buchstabenvertauschungen. Es bedarf dazu eventuell paläographischer Kenntnisse. Auch wo absichtliche, sich weiter vom Originale entfernende Veränderungen vorliegen, kann zuweilen eine genauere Kenntnis des gewöhnlich von dem Überarbeiter eingeschlagenen Verfahrens zu Resultaten von grosser Wahrscheinlichkeit führen. Eine solche Kenntnis gewinnt man allerdings in der Regel nur, wenn man eine oder mehrere Hss., die von der Überarbeitung frei sind, zur Vergleichung daneben hat, wo man dann keiner Konjektur mehr bedarf, dennoch aber wird sie nicht selten praktisch verwertbar, nämlich wenn nur ein Teil von dem Werke oder den Werken des Dichters gleichzeitig in einer Überarbeitung und in einer dem Originale näher stehenden Fassung überliefert ist, das Übrige nur in der betreffenden Überarbeitung. Dann kann man für dieses die aus der Vergleichung gewonnenen Erfahrungen verwerten. Hat man z. B. beobachtet, dass ein Ausdruck des Originals von dem Bearbeiter regelmässig mit einem andern, welcher jenem fremd ist, vertauscht wird, so kann man vermuten, wo man den letzteren antrifft, dass ursprünglich der erstere dagestanden hat. Viel weniger günstig ist die Lage, wenn von den Erzeugnissen eines Autors ein Teil in Überarbeitung, ein anderer in echterer Gestalt vorliegt, aber nichts in beiden zugleich. Doch kann auch dann die Vergleichung ähnlicher Stellen manches aufhellen. Dies ist auch selbst dann möglich, wenn wir nur Überarbeitung haben, wofern dieselbe nicht gleichmässig durchgeführt ist, indem in analogen Fällen der ursprüngliche Text bald beibehalten, bald geändert ist. Wie zur Erkenntnis einer Veränderung des Originals, so kann natürlich auch zur Wiederherstellung desselben die vom Verfasser benutzte Quelle gute Dienste leisten, um so bessere, je näher er sich an dieselbe gehalten hat.

Eine besondere Art des Konjizierens ergibt sich durch die Kombination mehrerer von einander unabhängiger Überlieferungen. Man kann dabei so verfahren, dass man einfach ein Element der einen Überlieferung mit einem Elemente der andern ohne weitere Modifikation zusammenfügt. Man kann aber auch über die blosse Zusammenfügung hinausgehen und etwas konstruieren, was nicht bloss durch diese neu ist, was aber zugleich in einem solchen Verhältnis zu den verschiedenen Überlieferungen steht, dass die eine wie die andere leicht daraus abgeleitet werden kann. Dieses Verfahren hat das für sich, dass man sich dabei nicht zu weit von dem Gegebenen in reine Willkür verliert. Ist einmal die Berechtigung desselben im allgemeinen zugestanden, so bleibt meistens nicht viel Schwanken übrig in Bezug auf das besondere Resultat. Aber eben diese Berechtigung ist erst nachzuweisen. Die blosse Möglichkeit der Anwendung genügt nicht. Ich habe dies ausführlich in meiner Kritik von Bartschs Hypothese über das Handschriftenverhältnis des Nibelungenliedes gezeigt (PBB III, 394 ff. 445 ff.).

4. KRITIK DER ZEUGNISSE.

§ 22. Jede Art historischer Forschung, nicht bloss die Geschichte in dem gewöhnlichen engeren Sinne sieht sich auf Zeugnisse angewiesen. Als solche betrachten wir nicht bloss Werke, die ausdrücklich zu dem Zwecke verfasst sind, der Nachwelt Kunde von dem, was sich einmal zugetragen hat, zu geben, sondern auch Mitteilungen an Zeitgenossen, z. B. in Briefen, gelegentliche Anspielungen und vieles andere. Auch Grammatiken und Wörterbücher müssen wir hierher rechnen. Ja jede Angabe in einem wissenschaftlichen Werke hat für uns, soweit sie sich auf Material stützt, was uns nicht zugänglich ist, den Charakter eines Zeugnisses.

Jedes Zeugnis erhält von der Person, von der es ausgeht, zum mindesten eine subjektive Beimischung. Diese von der objektiven Grundlage, auf der es ruht, abzusondern ist eine gewöhnlich schwierige, oft unlösbare Aufgabe. Wir sind daher immer besser daran, wenn wir der Zeugnisse entraten und uns an die unmittelbare Beobachtung von Vorgängen oder wenigstens von Erzeugnissen halten können. Allein selbst von den für die Dauer bestimmten Erzeugnissen der Vergangenheit, z. B. von den literarischen, ist so vieles zerstört, dass uns unter Umständen schon dürftige Nachrichten darüber eine willkommene Ergänzung unseres Wissens geben, und von so vielem anderen ist überhaupt kein Wissen möglich ausser durch Zeugnisse.

Die Zeugnisse unterliegen der textkritischen und literargeschichtlichen Behandlung. Die wichtigen Fragen nach ihrem Alter und ihrer Herkunft können mit allen den Mitteln untersucht werden, die sonst für derartige literargeschichtliche Fragen zu Gebote stehen. Ebenfalls zunächst eine literargeschichtliche Aufgabe ist es, wo mehrere Zeugnisse über den nämlichen Gegenstand vorliegen, das Verhältnis derselben zu einander festzustellen. Dies ist eine unumgängliche Vorarbeit für ihre richtige Verwertung. Es kann dadurch die Zahl der Zeugnisse reduziert werden, indem sich nachweisen lässt, dass eins aus dem anderen oder mehrere aus der gleichen verlorenen Quelle abgeleitet sind. Dieser Nachweis kann geführt werden auf Grund von Übereinstimmungen im Ausdruck, ein Mittel, welches bei den mittelalterlichen Historikern mit gutem Erfolge angewendet ist, da dieselben ihre Vorgänger mit grosser Unbefangenheit ausschreiben. Gleichfalls beweisend ist die Übereinstimmung in der Auswahl und Gruppierung der einzelnen Momente eines Berichtes. Denn wenn mehrere Personen unabhängig von einander über dieselben Begebenheiten berichten, so wird dem einen dieses, dem andern jenes mehr auffallen, und wo es sich um kompliziertere Vorgänge handelt, wird auch die Reihenfolge, in der sie geschildert werden, variieren. Endlich kommt die Übereinstimmung in falschen Angaben in Betracht. Die Benutzung dieses Kriteriums setzt allerdings voraus, dass man die Wahrscheinlichkeit einzelner Angaben bereits nach inneren Gründen geprüft oder an anderen Quellen gemessen hat, deren Zuverlässigkeit keinem Zweifel unterliegt. Es bedarf ferner dabei ähnlicher Kautelen wie bei der analogen Untersuchung über das gegenseitige Verhältnis von Handschriften. Man muss berücksichtigen, dass in unbedeutenderen Punkten der Zufall eine Rolle spielt, und dass Übereinstimmung in dem Bildungsstand, der Gemütsverfassung, der Parteistellung verschiedener Berichterstatter bei jedem zu der nämlichen Verfälschung der Wahrheit führen kann.

Die Untersuchung über das Verhältnis der Zeugnisse zu einander ist zugleich eine Untersuchung über ihre Grundlagen. Danach kann aber auch in anderer Weise geforscht werden. Zunächst können eigene Angaben des Zeugen, mitunter auch die anderer darüber in Betracht kommen, die freilich selbst als Zeugnisse erst gleichfalls einer Prüfung unterliegen. Weiterhin hat man sich zu vergegenwärtigen, welche Quellen der Berichterstatter zu benutzen imstande war. Hierfür ist es natürlich vor allem wichtig, die Zeit zu wissen, in der er gelebt und geschrieben hat, auch kann die nähere

Kenntnis seiner persönlichen Verhältnisse von Belang sein. Danach kann man beurteilen, ob er etwa Augenzeuge der geschilderten Begebenheiten sein oder Mitteilungen von Augenzeugen benutzen konnte, was ihm etwa für Dokumente oder Geschichtswerke oder mündliche Traditionen zu Gebote stehen konnten etc. Wie es erforderlich ist, sich ein Urteil darüber zu bilden, wieweit die äusseren Umstände den Berichterstatter in die Lage gesetzt haben, etwas mehr oder weniger Authentisches zu erkennen, so muss auch untersucht werden, wieweit er selbst dazu qualifiziert war, das, was ihm vorlag, richtig aufzufassen und wiederzugeben, ob er den guten Willen dazu hatte, oder ob bei ihm ein Interesse vorauszusetzen ist, die Wahrheit zu verhehlen oder zu verfälschen, ob bei ihm die nötige Sorgfalt und Genauigkeit vorauszusetzen ist, ob er nicht auch bei redlichem Willen durch seinen Parteistandpunkt, durch Vorurteile, durch Mangel an Einsicht und Bildung beirrt ist. Diese Fragen können mitunter nach anderweitiger Kenntnis seiner Person entschieden werden. Häufig wird man nur nach dem Werke selbst urteilen können, in dem der Bericht enthalten ist. Man kann danach zunächst die schriftstellerische Befähigung beurteilen, die einen Massstab für die Schätzung der ganzen Persönlichkeit gibt. Man kann sich von dieser ein Bild nach den Äusserungen machen, die nicht direkt zu dem Bericht gehören. Man kann ferner etwa aus Widersprüchen auf Mangel an Sorgfalt oder Kritik schliessen. Man kann aber nicht zu einem abschliessenden Urteil gelangen, wenn man sich nicht daran macht, die einzelnen Angaben auf ihre Wahrscheinlichkeit hin zu prüfen.

Diese Prüfung kann also nicht bloss vorgenommen werden um zu einem Resultat über die Richtigkeit der bestimmten einzelnen Angabe zu gelangen, sondern auch als ein Hülfsmittel neben andern, um die Zuverlässigkeit einer Quelle im ganzen abzuschätzen. Für diesen letzteren Zweck müssen auch Angaben untersucht werden, die an sich für die geschichtliche Erkenntnis wertlos sind, und solche, um die man sich sonst nicht kümmern würde, weil man die Thatsachen, worauf sie sich beziehen, aus anderen reichhaltigern und zuverlässigern Quellen genügend kennt. Bei den letzteren kann man sich eben des Vorteils bedienen, den der Vergleich mit den Angaben der besseren Quellen gewährt. Insbesondere müssen alle Berichte über eine vergangene Zeit zunächst gegen die aus dieser erhaltenen authentischen Dokumente und sonstigen Denkmäler gehalten werden. Weiterhin kann man dann wieder erprobte Berichte zum Massstab für noch unerprobte machen. Doch kann man nie innere Kriterien entbehren und diese sind häufig die einzigen. Man hat auf Grund derselben nicht bloss eine Angabe für sich zu beurteilen, sondern sehr häufig zwischen mehreren abweichenden Angaben die Wahl zu treffen. Als nicht wahrheitsgemäss kann sich eine Angabe dadurch erweisen, dass sie etwas Übernatürliches enthält. Dies ist eins von den Kennzeichen sagenhafter Überlieferung, doch keineswegs das einzige. Eine erst mangelhaft entwickelte Kritik hat vielfach darin gefehlt, dass sie gemeint hat, durch blosse Ausscheidung des Wunderbaren aus der Sage Geschichte zu machen. Es ist alles zu beachten, was auf eine poetische Ausgestaltung deutet. Durch Abrundung, durch effektvolle Situationen, überraschendes Zusammentreffen der Umstände, geistvolle Pointen u. dergl. verrät sich nicht selten eine Erzählung als sagenhaft. Vollends wird sie verdächtig, wenn ihr etwas Symbolisches anhaftet, oder wenn sie der Erklärung eines Naturphänomens oder der Beschaffenheit einer Örtlichkeit dient, oder der Erläuterung einer Benennung u. dergl. Mitunter kann die vergleichende Sagenforschung die Kritik unterstützen, indem sich zeigen lässt, dass der nämliche Stoff, natürlich mit Modifikationen, zu verschiedenen Zeiten und an verschiedenen Orten mit dem Anspruch auf geschichtliche Wahrheit auftritt. Ein bekanntes Beispiel bietet die Tellssage. Anderwärts lässt sich wenigstens zeigen, dass einzelne Figuren und Motive in angeblich historischen Überlieferungen in der Sagendichtung beliebt sind. So müssen sich historische Kritik und Geschichte der Poesie und Mythologie in die Hände arbeiten. Diese Art der Kritik findet übrigens ihre Anwendung nicht bloss auf die ältesten Überlieferungen. Poetische Fiktionen heften sich auch an die Personen der neueren Zeit als Anekdoten. Auch bei diesen wird die Glaubwürdigkeit eben durch das Poetische, was sie an sich tragen verdächtig, und auch bei ihnen kann öfters die vergleichende Forschung nachweisen, dass sie nur Erneuerungen älterer Erzählungsstoffe sind. Die poetische Thätigkeit ist aber bei weitem nicht das einzige, wodurch die geschichtliche Wahrheit entstellt ist, und noch viele andere Beurteilungsarten müssen zur Anwendung gebracht werden. Zu den Fällen, in denen der Widerspruch mit den Bedingungen der Wirklichkeit auf der Hand liegt, treten solche, in denen er erst durch Vertiefung in die Situation und den Charakter der handelnden Personen erkannt wird. Die Untersuchung darüber, ob eine Angabe auf solchen Widerspruch stösst oder nicht, kann vielfach nur in grösserem Zusammenhange geführt werden und lässt sich nicht abtrennen von den Versuchen zum Aufbau und zur kausalen Verknüpfung der einzelnen Thatsachen. Wo es sich um die Wahl zwischen verschiedenen Angaben handelt, da befindet man sich in einer ähnlichen Lage wie wenn man zwischen verschiedenen Lesarten zu wählen hat. Man wird dasjenige, was an sich wahrscheinlicher ist oder sich besser in den Zusammenhang der Thatsachen einfügt, bevorzugen, wenn man auch an dem anderen, falls es allein überliefert wäre, keinen Anstoss genommen haben würde.

Um eine verlorene Zeugnisquelle aus den daraus abgeleiteten erhaltenen zu rekonstruieren, muss man ganz analog verfahren wie bei der Rekonstruktion eines Grundtextes aus den direkten oder indirekten Abschriften. Wir können es uns ersparen, die in § 20 gegebenen Auseinandersetzungen mutatis mutandis zu wiederholen. Es handelt sich natürlich dabei nur unter Umständen um den Wortlaut, immer um den Inhalt der verlorenen Quelle. Hiervon verschieden ist noch die Feststellung des wirklich Geschehenen auf Grund der vorher geprüften Autorität der Quellen. Aber auch für das hierbei einzuschlagende Verfahren können wir die Analogie der kritischen Textherstellung heranziehen. Wir verwerten die Zeugnisse von vorliegenden oder erschlossenen Quellen, die nachweislich nicht aus der selben Überlieferung geschöpft haben, sondern unabhängig von einander auf die Thatsachen selbst zurückzuführen sind, wie die Lesarten von einander unabhängiger vorliegender oder erschlossener Hss. Wo wir uns auf die Übereinstimmung mehrerer von einander unabhängiger Zeugnisse stützen können, ohne dass sich die Übereinstimmung anderer entgegenstellt, da haben wir den höchsten Grad von Sicherheit, der durch Zeugnisse überhaupt zu erreichen ist. Doch ist dabei immer noch wieder die selbe Vorsicht zu beobachten, die wir oben für die Bestimmung des Verhältnisses der Quellen zu einander gefordert haben. Die Thatsache, dass zuweilen sich mehrere unabhängige Zeugnisse gegenüber stehen, lehrt, dass man auch die Momente beachten muss, durch die mehrere Zeugen unabhängig von einander zu einem Zusammentreffen in falschen Angaben geführt werden können. Wo nur ein Zeugnis vorliegt oder alle vorliegenden auf eins zurückgeführt werden müssen, wie es sehr häufig der Fall ist, da kommen wir aus der Abhängigkeit von einer Autorität nicht los, da wir wohl zuweilen die Unrichtigkeit, niemals aber die Richtigkeit einer Angabe beweisen können. Nicht selten sind wir auch ausser stande zu konstatieren, ob wir es mit mehreren unabhängigen Überlieferungen zu thun haben, oder ob alle auf eine zurückzuführen sind. Denn dass wir das letztere nicht beweisen können, ist noch kein entscheidender Grund, das erstere anzunehmen, und ein positiver Beweis für dieses ist nur unter günstigen Umständen zu führen. Wir haben dann keine bessere Garantie, als in den Fällen, wo die Abhängigkeit aller Überlieferungen von einer feststeht.

5. SPRACHGESCHICHTE.

§ 23. Die Sprachgeschichte gehört zu denjenigen Disziplinen der Kulturwissenschaft, die es mit der Entwickelung von Gebräuchen zu thun haben (vgl. § 3). Die einzelnen Vorgänge in der Sprechthätigkeit kommen für sie nur insofern in Betracht, als aus ihnen einerseits der Sprachusus erkannt wird, und als durch sie anderseits die Veränderungen dieses Usus hervorgebracht werden (vgl. Princ. 29 ff.). Jeder Usus beruht, wie wir gesehen haben, auf einer durch den Verkehr erzeugten Übereinstimmung in der geistigen Organisation einer Gruppe von Individuen. Man hat daher die beste Einsicht in den Sprachusus, wenn man die Summe der in den Seelen dieser Individuen ruhenden auf die Sprache bezüglichen Vorstellungen überblickt und das Verhältnis kennt, in welchem diese Vorstellungen unter einander stehen, den Grad ihrer Stärke und die Art, wie sie mit einander assoziiert sind (vgl. Princ. 23 ff.). Die Darstellung des Sprachusus, welche in den deskriptiven Grammatiken und Wörterbüchern gegeben zu werden pflegt, hält sich nicht an die inneren Zustände, sondern an die äusseren Erscheinungsformen. Indem aber die Einzelheiten nach Ähnlichkeiten zusammengefasst und unter Rubriken geordnet werden, entsteht eine Gruppierung, die in einer gewissen Analogie steht zu derjenigen der Vorstellungen, durch welche die äusseren Erscheinungen hervorgerufen werden. Aber es fehlt doch viel, dass unsere herkömmliche grammatische Terminologie ausreichte, um damit eine der inneren Organisation angemessene Darstellung zu erzielen. Die Beschreibung eines Sprachzustandes, wenn sie wirklich allseitig brauchbar sein soll, darf sich nicht mit der Schablone begnügen. Die Anforderungen, welche an eine solche zu stellen sind, sollen hier kurz angedeutet werden.

Von der gesprochenen Sprache müssen wir zunächst die lautlichen Elemente kennen, aus denen sie sich zusammensetzt, und die Art, wie sich dieselben unter einander verbinden. Eine Kenntnis davon kann man sich eventuell durch unmittelbare Perzeption mit dem Gehör verschaffen, und man kann auf Grund dieser Perzeption sich auch durch wiederholte Versuche die Fähigkeit zur Nachahmung erwerben. Wo aber die Mitteilung dieser Kenntnis auf schriftlichem Wege erfolgen soll, gibt es nur ein Mittel, wenn sie annähernd genau sein soll, nämlich eine exakte Beschreibung der Bewegungen, welche die Sprechwerkzeuge auszuführen haben, um die betreffenden Laute und Lautverbindungen hervorzubringen. Danach kann man sie dann selbst erzeugen und so auch eine Vorstellung von dem Klange gewinnen. In der günstigsten Lage befindet man sich, wenn man die Aufnahme durch das Gehör mit der Einsicht in die Lauterzeugung verbinden kann. Um eine brauchbare Beschreibung davon zu liefern, wie die Laute einer Sprache erzeugt werden, und schon um eine solche Beschreibung zu verstehen, bedarf man Kenntnisse auf dem Gebiete der Lautphysiologie oder Phonetik, die demnach bereits für die rein deskriptive Grammatik eine unentbehrliche Grundlage bildet. Indem wir das Lautmaterial einer Sprache darstellen, wollen wir nicht einzelne Laute oder Lautverbindungen beschreiben, wie sie in diesem oder jenem Augenblick einmal erzeugt sind, sondern wir bringen von den wirklich erzeugten Lauten und Verbindungsweisen diejenigen, welche als einander qualitativ gleich empfunden werden, unter einen Artbegriff. Dieser Artbegriff ist eine Abstraktion, aber er hat ein reales Korrelat in einer Lautvorstellung, die in der Seele der Individuen ruht, welche der betreffenden Sprachgemeinschaft angehören, und in einem damit assoziierten Bewegungsgefühl (vgl. Princ. 46 ff.). Insofern haben wir es auch hier mit etwas Psychischem zu thun. Die so gewonnenen Arten sind gegen einander nicht völlig isoliert. Sie müssen darauf hin untersucht werden, wieweit sie sich unter Arten höherer Ordnung zusammenfassen lassen nach gewissen übereinstimmenden Eigenschaften, die neben merklichen Verschiedenheiten stehen und das Gemeinsame muss auch als solches charakterisiert werden. Solche Charakterisierungen von Arten höherer Ordnung wären z. B. Sätze wie «alle lenes (g, d, b, s etc.) werden mit Stimmton hervorgebracht» oder «die Artikulationsstelle aller Zungenspitzenlaute (t, d, s) ist am Rande des Zahnfleisches». Auf diese Weise wird nicht nur die Darstellung vereinfacht, sondern zugleich eine Einsicht in den Zusammenhang der Einzelheiten gewonnen. Hat man es mit einer Sprache zu thun, die in Niederschrift vorliegt, so muss man sich statt der Laute zunächst an die Buchstaben und sonstigen Schriftzeichen halten. Es macht dann aber weiter einen Unterschied, ob der Schreibende rein von der gesprochenen Sprache ausgegangen ist und auf Grund einer Analyse derselben die Zeichen gewählt hat, oder ob er bereits einer Schreibertradition folgt (vgl. darüber Princ. 328 ff.). In dem ersteren Falle sind sie für uns nur Andeutungen, mit Hülfe deren wir nach Möglichkeit auf die gesprochenen Laute zu gelangen suchen müssen; in dem letzteren haben sie daneben eine selbständige Bedeutung, sind gewissermassen Elemente der Sprache selbst, insoweit dieselbe schriftlich fortgepflanzt wird. Sie können ebenso fixiert sein wie die Laute, ja in den modernen Schriftsprachen sind sie das eigentlich feststehende, während für die Laute noch keine völlig einheitliche Norm erzielt ist. Mit der Beschreibung des zur Verfügung stehenden Lautmateriales ist die Aufgabe der deskriptiven Lautlehre noch nicht erschöpft. Es kommt ihr noch die Darstellung des Lautwechsels und eventuell des Buchstabenwechsels zu. Sie hat z. B. anzugeben, dass im Deutschen nach dunklen Vokalen velares (gutturales) *ch*, nach hellen palatales gesprochen wird (*ach — ich, schlucht — schlecht, Bach — Bäche, Buch — Bücher, sprach — sprechen* etc.), oder dass in manchen verwandten Wortformen *h* (nur geschrieben, nicht gesprochen) mit *ch* wechselt, wovon das erstere im Silbenanlaut, das letztere nach dem Vokal der Silbe steht (*sehen — Gesicht, näher — nächste* etc.). Diese beiden Beispiele lehren uns die Notwendigkeit einer Unterscheidung, die dabei zu machen ist. In dem ersteren Falle können wir eine allgemeingültige Regel aufstellen, im letzteren nicht; im ersteren Falle haben wir es mit einem lebendigen, im letzteren mit einem toten Lautwechsel zu thun (vgl. Princ. 95 ff.). Nur jener gehört rein in die Lautlehre, indem dabei von der Bedeutung der Wörter abgesehen werden kann; dieser kann nur zwischen etymologisch zusammenhängenden Formen oder zwischen Wörtern der gleichen Bildungskategorie (z. B. mhd. *neic*, Prät. zu *nîgen* gegen *zêh* zu *zîhen*) konstatiert werden, auf Grund der Bedeutung, und man würde von rein lautlichen Gesichtspunkten aus nicht dazu gelangen, ihn anzuerkennen.

Über die Wege, die zur Ermittlung der Wortbedeutung eingeschlagen werden können, ist in § 16 gehandelt. Bei der Angabe derselben, wie sie in den Wörterbüchern niedergelegt zu werden pflegt, ist zunächst darauf zu sehen, dass man aus den mündlich oder schriftlich überlieferten Verwendungen die bloss occasionellen Elemente ausscheidet, um das Usuelle rein zu erfassen. Freilich ist die Grenzlinie eine fliessende, indem sich fortwährend Occasionelles in Usuelles verwandelt (vgl. Princ. 75 ff.), und wo ein solches Übergangsstadium vorliegt, muss es auch als solches bezeichnet werden. Selbstverständlich muss die Bedeutung genau umschrieben werden. Es kann nur eine wirkliche Definition genügen, die weder zu eng noch zu weit sein darf. Häufig muss man mehrere Bedeutungen unterscheiden, die für das Sprachbewusstsein entweder ganz selbständig sind oder doch nicht ohne eine nähere oder fernere Beziehung zu einander (vgl. Princ. 68). Es ist dabei darauf zu sehen, dass man weder zu viele noch zu wenige Bedeutungen ansetzt und dass man den Grad ihrer Selbständigkeit bestimmt, wobei es nicht auf die logisch möglichen Unterschiede ankommt, sondern nur auf diejenigen, die vom Sprachbewusstsein gemacht werden. Es müssen ferner alle Verbindungen verzeichnet werden, welche eine besondere Bedeutung angenommen haben, die sich nicht mehr aus der Zusammensetzung der einzelnen Wörter von selbst ergibt (vgl. Princ. 82 ff.) Die deskriptiven Wörterbücher pflegen jedes Wort für sich zu behandeln. Es würde aber eigentlich noch unter ihre Aufgaben fallen, diejenigen Wörter, welche vom Sprachgefühl als unter einander verwandt empfunden werden, in Gruppen zu ordnen und ihre Beziehungen zu einander darzulegen. Wo aber die Verwandtschaft erst durch historische Forschung oder besondere Reflexion erkannt wird, gehört sie nicht in die beschreibende Darstellung, während anderseits manches aufgenommen werden muss, was ursprünglich keinen Zusammenhang hatte, sondern in einen solchen erst durch Volksetymologie gesetzt ist.

Was von der Wortbedeutung gilt, das gilt auch von der Bedeutung der Ableitungs- und Flexionsformen und der verschiedenen Arten syntaktischer Verknüpfung, wobei aber ausser deren allgemeiner Bedeutung eventuell noch die besondere beachtet werden muss, die sie in einzelnen Wörtern und im Verhältnis zwischen einzelnen Wörtern haben (vgl. Princ. Cap. VII). In der grammatischen Darstellung behandelt man die Lehre von der lautlichen Gestaltung der Flexionsformen und die Lehre von der Funktion derselben getrennt, indem die letztere unter die Syntax gestellt wird. Diese Trennung ist möglich, weil eine Terminologie ausgebildet ist, mit Hülfe deren die Beziehung zwischen Lautgestalt und Funktion ohne Weitläufigkeit angedeutet werden kann. Dabei wird immer die letztere zur Grundlage der Gruppierung gemacht. In der Wortbildungslehre wird die lautliche Seite und die funktionelle im allgemeinen nicht so getrennt behandelt, und man macht öfter die erstere als die letztere zur Unterlage der Gruppierung, zwei Darstellungsweisen, die sich gegenseitig ergänzen müssten. Es fehlt hier eine gleich feste Terminologie, und der tiefere Grund ist, dass es an der gleichen Vollständigkeit und Regelmässigkeit der Bildungen fehlt. Einige Arten der Wortbildung gibt es, die in dieser Hinsicht der Flexionsbildung gleich stehen. Diese sind auch früher als die übrigen in die deskriptive Grammatik aufgenommen, mit der Flexionslehre zusammen in der Lehre von den acht Redeteilen und später ihrer Funktion nach in der Syntax behandelt. Es gehören hierher namentlich die Komparation und die Bildung der Nominalformen des Verbums, teilweise auch die Adverbialbildung. So gute Dienste auch die aus dem Altertum überkommene Terminologie für den ersten Aufbau der Flexionslehre und Syntax geleistet hat, so ist eine feinere Ausgestaltung doch nur möglich, wenn man sich von der Unzulänglichkeit derselben überzeugt hat, wenn man erkannt hat, dass die Gliederung der realen Verhältnisse eine sehr viel mannigfachere ist, als die durch Termini bezeichneten Kategorieen ahnen lassen, dass eine Menge von Zwischenstufen beachtet werden müssen (vgl. darüber Princ., namentlich Cap. XV, XIX, XX). Hinsichtlich der Syntax muss noch betont werden, dass sie nicht, wie von manchen Seiten behauptet wird, in der Lehre von der Funktion der Flexionsformen aufgeht. Bei dieser Auffassung kommt das, was im eigentlichen Sinne des Wortes Syntax ist, gar nicht zur Geltung, die Bestimmung des Verhältnisses, in dem die Glieder des Satzes zu einander stehen (vgl. Princ. VI und XVI, auch XVII und XVIII).

Eine Forderung, die nicht genug eingeschärft werden kann, ist die, dass man sich bei Beschreibung eines Sprachzustandes aufs sorgfältigste hüten muss, etwas Fremdartiges aus einem andern einzumischen (vgl. Princ. 28.9). Die grössten Schwierigkeiten macht es Sprachzustände, die einander nahe stehen, auseinanderzuhalten. Etwas annähernd Einheitliches hat man nur vor sich, wenn man sich auf den jeweiligen Zustand innerhalb eines ganz kleinen Raumes beschränkt. Sobald sich die Darstellung über ein etwas grösseres Gebiet erstreckt, hat man auch mit Varietäten zu thun, die jede für sich beobachtet sein wollen, um das Gemeinsame wie das Abweichende festzustellen. Dieser Forderung kann man in vollem Masse nur bei der Sprache der Gegenwart nachkommen. Dagegen von einem Sprachzustande der Vergangenheit ist es selten möglich, aus Denkmälern, die genau dem gleichen Dialekt und der gleichen Zeit angehören, ein einigermassen vollständiges Bild zu gewinnen. Man sieht sich auf Ergänzung mit Hülfe der nächstverwandten Dialekte und Zeitstufen angewiesen. Man kann dabei der historischen Konstruktion nicht entbehren, sobald man über eine blosse Statistik des in einzelnen Denkmälern vorliegenden Materials hinaus geht, und auch ohne das nicht, wenn dies Material vollständig verstanden sein soll, oder wenn man vom Buchstaben zum Lautwert vordringen will. Eine deskriptive Behandlung der Sprachzustände der Vergangenheit ohne Berücksichtigung der Entwickelung ist also gar nicht durchzuführen, und bei demjenigen, welcher sich einbildet, dass er sich gegen diese Berücksichtigung absperren könne, ist dieselbe doch unbewusst vorhanden und bleibt eben deswegen unvollständig und dilettantisch.

Wo bereits ältere grammatische oder lexikalische Bearbeitungen einer Sprache vorliegen, da sind dieselben zunächst auf ihre Zuverlässigkeit zu prüfen, und das dabei einzuschlagende Verfahren ist kein anderes, als das, welches bei jeder Art von Zeugnissen angewendet werden muss (vgl. § 22).

§ 24. Um eine Grundlage für die Sprachgeschichte zu gewinnen muss man zunächst versuchen, die überlieferten Äusserungen des Sprachlebens zeitlich und räumlich einzuordnen. Eine genaue Bestimmung des Verbreitungsgebiets ist nur bei der lebenden Sprache möglich (vgl. § 4). Nur bei dieser kann man mit voller Sicherheit individuelle Besonderheiten ausscheiden sowie etwaige Beeinflussungen durch fremde Mundarten oder durch eine Schriftsprache. Von ihr muss jeder Versuch zur Feststellung der dialektischen Gliederung ausgehen, sowie jede Untersuchung über das Verhältnis der Gemeinsprache zu den Mundarten. Bei den älteren Denkmälern steht vielfach weder die Entstehungszeit noch die Heimat des Verfassers fest, es kann darüber gestritten werden, wieweit derselbe sich seiner heimischen Mundart bedient oder fremden Mustern folgt, sie sind endlich gewöhnlich nicht in ihrer ursprünglichen sprachlichen Form überliefert (vgl. § 18). Was einer Mundart in einer gewissen Zeit angehört, muss zunächst auf Grund der Denkmäler bestimmt werden, die in ihrer ursprünglichen Gestalt auf uns gekommen sind, und deren Alter und Heimat aus anderen als sprachlichen Gründen festzustellen ist, die zugleich von dem Verdacht fremden Einflusses möglichst frei sind. Danach können dann andere Denkmäler auf Grund völliger Übereinstimmung im Sprachgebrauch der gleichen Zeit und Gegend zugewiesen, oder, was schon eine kompliziertere Untersuchung erfordert, auf Grund teilweiser Übereinstimmung nach Zeit und Raum in ein bestimmtes Verhältnis gesetzt werden. Dann ist aber die chronologische und geographische Einordnung nicht mehr Grundlage für die sprachgeschichtliche Forschung, sondern deren etwaiges Resultat. Die aus den datierbaren originalen Denkmälern geschöpfte Kenntnis muss auch, eventuell in Verbindung mit der Metrik dazu verwertet werden, die verschiedenen Elemente in den nicht originalen Überlieferungen von einander zu sondern, worüber schon in § 19 gehandelt ist.

Ist festgestellt, dass Sprachzustände, die zeitlich auf einander folgen, dem nämlichen räumlichen Gebiete angehören, ohne dass eine plötzliche gewaltsame Verschiebung der Bevölkerung stattgefunden hat, so wird es wahrscheinlich, dass ein Kausalzusammenhang besteht, indem die jüngeren sich aus den älteren entwickelt haben. Doch darf nicht übersehen werden, dass öfters auch Sprachtypen allmählich von ihrer Umgegend aufgesogen werden können, wie dies z. B. fast vollständig mit dem Ostfriesischen durch das Niedersächsische geschehen ist. Es lässt sich ferner aus räumlicher Nachbarschaft innerhalb eines zusammenhängenden Sprachgebiets ein Wahrscheinlichkeitsgrund für nähere Verwandtschaft abnehmen. Doch darf man sich auf solche Wahrscheinlichkeiten hin niemals die genauere Untersuchung ersparen. Dieselbe ist unter andern auch deshalb notwendig, weil die Denkmäler eventuell Elemente enthalten können, die der Heimat des Verfassers fremd sind, worüber man am besten dadurch ins klare kommt, dass man ihre Mundart in allen Einzelheiten darauf hin untersucht, ob sie sich als Vorstufe der gegenwärtig gesprochenen betrachten lässt. Natürlich hilft dazu auch die Vergleichung der dem gleichen Gebiete entstammenden Denkmäler unter einander. In anderen Fällen kann solche Vergleichung überhaupt erst zur Lokalisierung verhelfen oder zur Ausscheidung des Fremdartigen, was durch die Überlieferung beigemischt ist. Wieder in anderen Fällen muss man aus Mangel an Zeugnissen von der Lokalfrage zunächst ganz absehen und lediglich die sprachliche Verwandtschaft konstatieren. Dies ist namentlich der Fall, wo die historischen Beziehungen, auf denen die Verwandtschaft beruht, vor den Beginn aller Überlieferung fallen. Aber auch Beziehungen, welche einer späteren Zeit angehören, ergeben sich oft nur durch die Sprache, ohne dass unsere sonstige Kenntnis etwas davon vermuten lässt.

Wenn wir Spracherscheinungen aus verschiedenen Zeiten und Gebieten in geschichtlichen Zusammenhang bringen, verfahren wir wie überhaupt bei jeder Ansetzung eines Kausalzusammenhangs zwischen Produkten des menschlichen Geistes. Wir schliessen aus einem grösseren oder geringeren Grade von Übereinstimmung, entweder, dass die eine Vorstufe für die andere gewesen ist, oder dass es für die eine wie für die andere eine gemeinsame Vorstufe gegeben haben muss. Im letzteren Falle können die verglichenen Erscheinungen zeitlich alle einander parallel liegen, es kann aber auch eine beliebige Zeitdifferenz zwischen ihnen liegen, so dass die eine der gemeinsamen Vorstufe viel näher ist als die andere. Wir können einzelne Erscheinungen, wir können die Sprachzustände im ganzen in eins von diesen beiden Verhältnissen setzen. Abgesehen von den erwähnten Wahrscheinlichkeitsgründen, die einen Schluss aus den lokalen Verhältnissen auf die letzteren gestatten, wird man immer mit Untersuchung der Einzelheiten beginnen müssen. Indem man dann nachweist, dass eine Summe von Einzelheiten, die zusammen die wesentlichsten Bestandteile der verglichenen Sprachgestaltungen ausmachen, in analogem Kausalverhältnis stehen, kann man dann einen Schluss auf das Ganze derselben machen. Eine Einzelheit und selbst eine Menge von Einzelheiten genügt zu solchem Schlusse noch nicht, indem das Verhältnis durch Entlehnung entstanden sein kann. Allerdings, nachdem einmal der Zusammenhang zwischen den wesentlichen Bestandteilen nachgewiesen ist, erhalten dadurch die Gründe für den Zusammenhang von Einzelheiten, wo sie an sich weniger evident sind, einen bedeutenden Zuwachs. Ebenso wird die Annahme einer Entlehnung seitens einer Sprache aus einer anderen dadurch wahrscheinlicher, dass bereits andere Entlehnungen sicher gestellt sind.

Den sichersten Anhalt für historischen Zusammenhang hat man, wenn die Übereinstimmung sich sowohl auf die Lautform wie auf die Bedeutung erstreckt. Die Wortvergleichung hat ein leichtes Spiel, wenn nach beiden Richtungen hin die Abweichungen so gering sind, dass die wesentliche Übereinstimmung in die Augen springt. Dies ist in der Regel der Fall bei geringer zeitlicher und räumlicher Differenz. Durch eine kontinuierliche Reihe von Zwischengliedern kann dann auch Fernerstehendes und stark Abweichendes verknüpft werden. Diese Zwischenglieder dürfen natürlich, wo sie vorhanden sind, nicht übersprungen werden. Wo es sich um die Vergleichung weit auseinander liegender Sprachgestaltungen handelt, zwischen denen vermittelnde Stufen fehlen, da wird man zunächst diejenigen Wörter herausgreifen, bei denen sich gerade noch die meiste Übereinstimmung erhalten hat, namentlich solche, bei denen die Bedeutung gleich, die Lautform sehr ähnlich geblieben ist. So sind für die Erkenntnis der Verwandtschaft zwischen den indogermanischen Sprachen unter andern die Zahlwörter, gewisse Pronomina, die Verwandtschaftsbezeichnungen von besonderer Bedeutung gewesen. An solchen Wörtern hat man zuerst eine Regelmässigkeit in der Lautentsprechung erkannt und danach sogenannte Lautgesetze abstrahiert, und erst, nachdem man an diesen eine Handhabe hatte, konnte man auch verstecktere Beziehungen mit einiger Sicherheit ermitteln. Bei der Ermittelung solcher Beziehungen handelt es sich übrigens nicht bloss um einfache Identifizierung von Wörtern aus verschiedenen Sprachen und Zeitstufen, sondern häufig auch um den Nachweis, dass die Vorstufen der betreffenden Wörter einmal in einem ähnlichen Verhältnis zu einander gestanden haben, wie wir es zwischen verwandten Wörtern der gleichen Sprache beobachten können. Zunächst macht es Schwierigkeiten, zu unterscheiden, wieweit die Übereinstimmung verschiedener Sprachen im Wortschatz auf Entlehnung, wieweit auf Urverwandtschaft beruht. Die ältere dilettantische Sprachvergleichung ist gewöhnlich dadurch irregeleitet, dass sie diese Unterscheidung nicht zu machen verstand. Sie wurde erst dadurch möglich, dass man einerseits aus den älteren Quellen das spätere Auftauchen gewisser Wörter nachweisen konnte, und dass man anderseits das verschiedene Verhalten von Lehn- und Urwörtern hinsichtlich der Lautentsprechung beobachten lernte.

Nicht nur die einzelnen Wörter, sondern auch die in Gruppen von Wörtern gleichmässig erscheinenden Ableitungs- und Flexionssilben und die sonstigen Bildungsmittel der Sprache lassen sich in analoger Weise vergleichend behandeln. Auch hierbei kommen Funktion und Lautform zusammen in Betracht. Auf diesem Gebiet spielt die Entlehnung eine viel geringere Rolle, und daher ist Übereinstimmung in Flexion und Wortbildung der sicherste Beweis für Verwandtschaft verschiedener Sprachen. Durch die Erkenntnis dieser Thatsache ist die Sprachvergleichung zu einer wirklichen Wissenschaft geworden (vgl. Abschn. II, § 67).

Wo die Lautverhältnisse die Annahme einer historischen Beziehung gestatten, die Bedeutung aber keinen Anhaltspunkt gewährt, da wird man sich bescheiden müssen. Auch wo man imstande ist, Zwischenstufen zu konstruieren, wodurch die abweichenden Bedeutungen mit einander vermittelt werden, und dieselben durch die Analogie wirklich nachweisbarer Bedeutungsübergänge zu stützen, gelangt man doch zu keiner Sicherheit. Denn es lässt sich in vielen Fällen lautlicher Übereinstimmung nachweisen, dass dieselbe auf blossem Zufall beruht (z. B. für nhd. *laden* in seinen beiden Bedeutungen). Jedenfalls sind es dergleichen Etymologieen nicht wert, dass man Jagd auf sie macht und vielen Scharfsinn daran vergeudet. Dass umgekehrt eine Übereinstimmung in der Funktion, die nicht an bestimmten Lautkomplexen haftet, sondern nur an syntaktischn Formen, eine schlechte Gewähr für historischen Zusammenhang ist, haben wir schon § 10 hervorgehoben.

Bei dem blossen Nachweis eines Zusammenhanges darf man nicht stehen bleiben, sondern muss zu einer Einsicht in den Gang der Entwickelung fortschreiten. Zu diesem Zwecke müssen die überlieferten sprachlichen Thatsachen unter einander durch erschlossene vermittelt werden. Selbst bei dem höchsten Grade von Kontinuität der Überlieferung innerhalb eines Sprachgebietes wird man oft nicht umhin können, noch Zwischenstufen einzuschieben, um sich die Entwickelung verständlich zu machen. Vollends bedarf man dieser Zwischenstufen, wenn zwischen die überlieferten sprachlichen Zustände eine Lücke von Jahrhunderten fällt. Zugleich aber wird ihre Ermittelung schwieriger und erfordert in höherem Grade die Unterstützung durch die Prinzipienwissenschaft. Die Vergleichung verwandter Mundarten und Sprachen muss in Geschichte verwandelt werden, indem man die Grundform rekonstruiert, aus welcher die verglichenen Formen entstanden sind, nebst der damit verknüpften Bedeutung. Dieses Verfahren führt über die Zeit der ältesten Überlieferungen hinaus, unter Umständen sehr weit hinaus. Es ist aber auch für die späteren Epochen der Vergangenheit nicht zu entbehren, weil die Überlieferung selten so vollständig ist, dass sie nicht durch Rückschlüsse aus einer jüngeren Zeit, namentlich aus der Gegenwart ergänzt werden könnte. Solche Rückschlüsse lassen sich übrigens auch ohne Vergleichung mehrerer Mundarten aus einer einzigen machen, sobald ihre ältere Gestaltung partiell bekannt ist. Man schliesst dann nach der Analogie solcher Fälle, in denen ein Vergleich zwischen älterer und jüngerer Form möglich ist. Entsprechend kann man auch von einer Sprache auf die andere schliessen. Sehr häufig ist von den direkten Vorstufen eines jüngeren Sprachzustandes, namentlich einer lebenden Mundart, gar nichts in schriftlicher Aufzeichnung auf uns gekommen, während uns die Vorstufen verwandter Mundarten vorliegen. In solchen Fällen hat man gewöhnlich zunächst die letzteren als gleichwertig mit den ersteren behandelt, und erst später hat man angefangen mit Hülfe einer exakteren Behandlung die Abweichungen dieser von jenen durch Vergleichung der jüngeren Stufen festzustellen.

Auch ohne Heranziehung älterer Entwickelungsstufen und verwandter Dialekte ist innerhalb gewisser Grenzen ein Übergang aus der Beschreibung eines Zustandes zu historischer Konstruktion möglich. Man kann aus jedem Lautwechsel auf einen stattgehabten Lautwandel schliessen. Man kann unter den verschiedenen Bedeutungen eines Wortes eine als die Grundbedeutung erkennen, aus der die übrigen abgeleitet sind, oder sogar alle auf eine untergegangene Grundbedeutung zurückführen. Das gleiche gilt in Bezug auf die Bedeutung von Suffixen und Konstruktionsweisen. Man kann endlich unter den Wörtern und Flexionsformen, die als etymologisch zusammengehörig erkannt werden, das Grundwort oder die Grundform herausfinden, respektive erst zu allen eine Grundlage rekonstruieren. Freilich bleiben dabei viele Verhältnisse unaufgeklärt, die eine ganz andere Beleuchtung erhalten, sobald ältere Entwickelungsstufen und verwandte Dialekte hinzugezogen werden können. Die verschiedenen hier geschilderten Arten historischer Konstruktion müssen immer zusammenwirken und einander unterstützen. Nicht bloss die Verhältnisse einer überlieferten Sprache können zu historischen Konstruktionen benutzt werden, sondern auch die einer nur erschlossenen Grundsprache. Auf diese Weise gelangt man am weitesten rückwärts. Es ist daher nicht berechtigt, wenn man in der Reaktion gegen früher beliebte ursprachliche Konstruktionen soweit gegangen ist, zu behaupten, die indogermanische Sprachwissenschaft müsse sich begnügen, den Zustand der Grundsprache zu rekonstruieren, der unmittelbar vor der Sprachentrennung bestanden habe. Man würde danach sich nicht dafür entscheiden dürfen, dass von den in der Grundsprache mit einander wechselnden Stammformen *ed-* und *d-* (lat. *edo*) oder *ei* und *i* (lat. *eo*), *ed* und *ei* die älteren sind. Man würde überhaupt trotz aller Rekonstruktionen zu keinem rechten Verständnis des grammatischen Baues der Grundsprache und damit auch der Einzelsprachen gelangen. Übrigens kann man in Wahrheit öfters mit grösserer Sicherheit bestimmen, welche Form und Bedeutung die älteste erreichbare eines Wortes gewesen ist, als welche gerade zur Zeit der Sprachentrennung bestanden hat.

§ 25. Von den beiden disparaten Elementen, die in der Sprache mit einander verbunden sind, den Lautkomplexen und den daran angeknüpften Vorstellungen, die wir Bedeutung nennen, hat jedes seine besondere Entwickelung, die von der des anderen unabhängig ist. Daneben aber wird nach gewissen Richtungen hin die Entwickelung des einen, durch die des anderen beeinflusst. Die von den Veränderungen der Bedeutung unabhängige Entwickelung der Laute darzustellen ist die eigentliche Aufgabe der Lautlehre. In der Untersuchung ist aber die Rücksichtnahme auf die Bedeutung vielfach nicht zu umgehen.

Noch ausserhalb der historischen Lautlehre mit Rücksicht auf das Resultat, aber nicht mit Rücksicht auf die Untersuchungsmethode steht die Ermittelung des Lautwertes der Buchstaben und sonstigen Lautzeichen in den überkommenen Denkmälern. Die Aussprache derselben richtet sich, wo es sich um ausgestorbene Sprachen handelt, deren Kenntnis nie erloschen ist, wie z. B. das Lateinische, zunächst nach einer mündlichen Tradition, die von einem Geschlecht zum andern fortgepflanzt wird. Diese Tradition ist naturgemäss einer allmählichen Verschiebung ausgesetzt, indem sie sich immer dem Lautmaterial anpasst, an welches ihre Träger durch ihre Muttersprache gewöhnt sind. So ist die heutige Aussprache des Lateinischen nach den verschiedenen Ländern und Landschaften mannigfach variiert. Hat eine ältere Sprachstufe eine direkte Fortsetzung bis in die Gegenwart hinein, ohne dass die Tradition unterbrochen ist, so wird sich bei den Angehörigen der betreffenden Sprachgenossenschaft erst recht das moderne Verhältnis der Aussprache zur Schreibung unterschieben, selbst wo die Inkongruenz zwischen beiden sehr gross geworden ist. Man ver-

gleiche z. B. die bei den Isländern übliche Aussprache des Altnordischen.
Vollends wird die eigene Gewöhnung im Sprechen und Lesen massgebend,
wenn die schon erstorbene Kenntnis einer alten Sprache erst wieder neu
gewonnen wird. Leicht wird man zwar gewisse Diskrepanzen zwischen Schrift
und Aussprache vermeiden, indem man von der im allgemeinen richtigen
Anschauung ausgeht, dass bei der Aufzeichnung der älteren Mundarten das
phonetische Prinzip reiner zur Geltung gekommen ist, als es bei den modernen
Schriftsprachen der Fall ist; aber immer wird man doch zunächst mit dem
eingeübten Lautmaterial operieren. So entsteht schon innerhalb Deutsch-
lands eine sehr mannigfaltige Aussprache der älteren germanischen Dialekte.
Die Lautvorstellungen, welche sich auf diese Weise an die Lautzeichen
anheften, bilden keine genügende Unterlage für die wissenschaftliche Lautlehre, da dabei ein ziemlich weiter Spielraum zwischen verschiedenen Wert-
en übrig bleibt (vgl. Princ. 325. 6). Sie würden auch dann nicht genügen,
wenn wir es immer mit sehr vollkommenen Schreibweisen zu thun hätten,
wobei jedem besonderen Laute ein besonderes Zeichen und umgekehrt entspräche. Nun aber finden wir noch dazu, dass das selbe Zeichen für verschiedene Laute dient, und dass der selbe Laut durch verschiedene Zeichen
wiedergegeben wird. Namentlich leidet die altdeutsche Orthographie an
solchen Mängeln, hauptsächlich in Folge davon, dass das lateinische Alphabet
der Sprache nicht adäquat war.

Überblicken wir die Mittel, die zur Verfügung stehen, den Lautwert der
in älteren Denkmälern angewendeten Zeichen genauer zu bestimmen. Von
den gegenwärtig gesprochenen Lauten wird man immer ausgehen müssen,
aber nicht von denen irgend einer beliebigen Mundart oder Gemeinsprache,
sondern es muss überall, wo es möglich ist, von dem Lautmaterial desjenigen Dialektes ausgegangen werden, welcher die natürliche Fortsetzung
des älteren bildet, um den es sich handelt. Natürlich dürfen nicht alle
Eigenheiten desselben ohne weiteres in die Vergangenheit übertragen werden,
aber man wird nicht versäumen dürfen, zu untersuchen, wieweit eine solche
Übertragung mit den sonstigen Anhaltspunkten, die man für die Bestimmung
des Lautwertes hat, nicht in Widerspruch gerät, und wieweit sie durch
diese eine positive Stütze erhält. So hat z. B. Winteler gewiss mit Recht das
seit der ältesten Zeit in den oberdeutschen Texten vorliegende Schwanken
zwischen *g* und *k*, *b* und *p* darauf zurückgeführt, dass schon in der ahd.
Periode wie jetzt in Oberdeutschland ein zwischen romanischer Media und
Tenuis liegender Laut, nämlich tonlose Lenis gesprochen wurde. Unterscheidungen der heutigen Mundarten, die in der Orthographie einer älteren
Zeit nicht hervortreten, lassen sich mit Sicherheit auf diese übertragen, wenn
sich herausstellt, dass sie durch die Verhältnisse einer noch älteren Zeit
bedingt sind. In vielen bairischen Hss. des 14.—16. Jahrh. wird *au* unterschiedslos für mhd. *ou* und für mhd. *û* geschrieben, und man könnte dadurch zu der Annahme verleitet werden, es sei auch lautlicher Zusammenfall eingetreten. Da aber noch in den heutigen Mundarten ein Unterschied
besteht, der dem mittelhochdeutschen zwischen *û* und *ou* entspricht, so
kann es keinem Zweifel unterliegen, dass dieser Unterschied nie aufge-
hoben gewesen ist.

Will man aus der Schreibweise an sich bestimmtere Anhaltspunkte gewinnen, so ist es zunächst erforderlich, dass man die eines jeden einzelnen
Denkmales besonders untersucht, vorausgesetzt natürlich, dass noch keine
allgemeine Regelung durchgeführt ist. So hat man z. B. erkannt, dass die
Unsicherheit der althochdeutschen Orthographie doch nicht so gross ist,
als es schien, so lange man nicht genügend beachtete, dass die einzelnen

Schreiber in den Wegen, die sie eingeschlagen haben, das lateinische Alphabet ihrem Lautsysteme anzupassen, teilweise auseinander gegangen sind. Es stellt sich dabei heraus, dass der Grad der Genauigkeit bei verschiedenen Schreibern ein sehr verschiedener ist, wie z. B. in der althochdeutschen Zeit Notker alle anderen überragt. Wieviel Wert man auf die Schreibung jedes einzelnen zu legen hat, muss auf Grund desjenigen Materiales beurteilt werden, über welches man nicht in Zweifel ist. Auch muss dabei der Gebrauch der verschiedenen Schreiber vergleichend behandelt werden. Diejenigen, welche sich dann als die genauesten im ganzen oder in bestimmten Einzelheiten erwiesen haben, liefern die Grundlage zu dem Aufbau des Lautsystems für ihre Zeit und Mundart, wonach sich unter Anwendung der gehörigen Vorsicht auch Schlüsse auf andere Zeitstufen und verwandte Mundarten machen lassen. So unterscheiden z. B. von den althochdeutschen Schreibern nur einige die langen Vokale von den kurzen. Von diesen, soweit sie sich als zuverlässig und konsequent erweisen, müssen wir uns über die Quantität belehren lassen. So verwenden die meisten althochdeutschen Schreiber das Zeichen z unterschiedslos für einen Doppellaut = nhd. z und für einen einfachen scharfen s-Laut, aber einige wenige halten beide auseinander, indem sie für den ersteren c, cz oder für den letzteren zs schreiben. In den meisten mittelhochdeutschen Hss. sind die Umlaute $ö$, $œ$, $ü$, iu, $öu$, $üe$ von ihren Grundlauten o, $ô$, u, $û$, ou, uo gar nicht oder nicht konsequent geschieden. Man muss daher, um die Verbreitung des Umlauts zu konstatieren, die Hss. besonders heraussuchen, die in dieser Hinsicht genau sind.

Einen Anhalt zur Beurteilung eines Schreibsystems gewährt die Vergleichung mit einem fremden, die dadurch ermöglicht wird, dass eine Anzahl von Wörtern in beiden aufgezeichnet vorliegen. Dieser Fall tritt besonders dann ein, wenn die betreffenden Wörter von einer Sprache aus einer andern entlehnt sind, oder in Folge der Wiedergabe fremder Eigennamen. So kann man z. B. auf die Aussprache des Gotischen Schlüsse machen einerseits aus den in die gotischen Texte aufgenommenen griechischen und lateinischen Wörtern, anderseits aus der Schreibung der gotischen Eigennamen bei griechischen und lateinischen Schriftstellern. Nicht bloss Wörter, sondern auch die einzelnen Lautzeichen können zu Schlüssen verwertet werden, wenn sie von einer Sprache auf die andere übertragen sind. Indessen berechtigt das Korrespondieren der Orthographie zwischen verschiedenen Sprachen niemals zu einer einfachen Identifikation der bezüglichen Laute.

Bei poetischen Werken ist über gewisse Punkte aus dem Versbau Aufklärung zu gewinnen. Man macht daraus direkt Schlüsse auf die vom Dichter gesprochenen Laute, die allerdings in keinem Verhältnis zu der vorliegenden Orthographie zu stehen brauchen, ausser wo uns seine Originalhs. erhalten ist. Unter Umständen wird vielmehr dadurch die Abweichung der Sprache des Dichters von der Sprache der Überlieferung festgestellt (vgl. § 18. 9). Dabei braucht sich für jene nichts anderes zu ergeben, als was sich auch ergeben haben würde, wenn das betreffende Werk in der zu der Zeit des Dichters für seine Mundart üblichen Schreibweise überliefert wäre. Es kann aber auch manches klar werden, worüber diese gar keine oder ungenügende Auskunft gibt. Aus der Versmessung lassen sich Schlüsse auf Quantität und Betonung machen, für die gewöhnlich eine Bezeichnung fehlt. Was die letztere betrifft, so darf freilich die Betonung im Verse nicht ohne weiteres mit der prosaischen identifiziert werden. Am wichtigsten ist der Reim. Es müssen in Bezug auf diesen sowohl die positiven als die negativen Instanzen beachtet werden. Die letzteren gestatten, wo ausreichendes Material vorliegt, die sichersten Schlüsse. Bemerkt man z. B., dass gewisse Reimbindungen trotz der orthographischen Übereinstimmung und trotzdem, dass sie sich häufig leicht ergeben müssten, doch regelmässig gemieden werden, so wird man daraus schliessen, dass ein in der Schreibung vernachlässigter Lautunterschied vorliegt. So ergibt sich, dass im mhd. *e* in betonten Silben zwei verschiedene Laute bezeichnet, weil streng reimende Dichter zwei Kategorieen von Wörtern auseinanderhalten, die immer nur unter sich, nicht mit Wörtern der andern Kategorie reimen. Nur die Verschiedenheit kann auf diese Weise konstatiert werden, um die Natur dieser Verschiedenheit zu bestimmen, sind andere Momente erforderlich. Bei der Verwertung positiver Instanzen ist Behutsamkeit erforderlich. Dass die einen Reim bildenden Elemente einander völlig gleich sind, ist nur dann sicher oder wahrscheinlich, wenn sich zeigen lässt, dass die kontrollierbaren Reime des betreffenden Dichters durchaus oder ganz überwiegend genau sind. Wenn so die Reime zu sprachlichen Schlüssen um so brauchbarer werden, je strenger das Verfahren ist, nach dem sie gebildet sind, so ist anderseits nicht zu übersehen, dass hinsichtlich mancher Punkte erst ein gewisser Grad von Ungenauigkeit Gelegenheit zu Schlüssen geben kann. Wie schon bemerkt, ist der aus mhd. *û* entstandene Diphthong im Bairischen (wie überhaupt in den Mundarten) bis auf den heutigen Tag nicht mit dem alten Diphthong mhd. *ou* zusammengefallen. Reime, die beweisen, dass die Diphthongisierung bereits eingetreten ist, wie *rûm : troum* (nhd. Raum : Traum) kann man daher nur bei Dichtern erwarten, die eine leichtere Ungenauigkeit nicht scheuen. Nur bei solchen kann man dann auch eventuell von der negativen Instanz Gebrauch machen.

Der Lautwechsel, soweit er noch lebendig ist, gestattet wenigstens Wahrscheinlichkeitsschlüsse. So wird man z. B. für eine Mundart, in der im Auslaut *c* für *g* eintritt (*lac — lâgen*), vermuten, dass *g* einen Verschlusslaut bezeichnet, für eine andere, in der statt dessen *ch* eintritt (*lach*, etwa im Reim auf *sprach* oder *sach*), dass es einem Reibelaut entspricht. Indessen, wenn auch wohl ursprünglich Reibelaut dem Reibelaut, Verschlusslaut dem Verschlusslaut entsprochen haben muss, ist man doch nicht ohne weiteres sicher, dass nicht eine sekundäre Modifikation eingetreten sein könnte. In ähnlicher Weise lässt sich ein Lautwandel verwerten. Wir werden uns die besondere Natur des älteren Lautes und des daraus entstandenen jüngeren, soweit die Orthographie und sie sonstigen Anhaltspunkte Zweifel darüber lassen, so vorstellen, wie sie am angemessensten ist, um den Übergang zu begreifen. Lautwechsel und Lautwandel kommen ferner insofern in Betracht, als die Erkenntnis der Bedingungen, unter denen sie stehen, zugleich Aufschlüsse über die Lautverhältnisse in sich schliessen kann, die über das durch die Schreibung Gegebene hinausgehen. Wenn z. B. im ags. *e* vor *r* + Kons. zu *eo* wird (*beorg* aus *berg*), so wird man nicht umhin können, zu schliessen, dass dies *r* eine dunkle Klangfarbe gehabt hat. Auf diese Weise lassen sich namentlich häufig die Accentverhältnisse ermitteln, auch wo dieselben ganz unbezeichnet sind. Den Hauptanhalt dabei gewährt die Voraussetzung, dass gewisse Reduktionen immer nur die schwächst betonte Silbe treffen.

Wie aus den heutigen Mundarten, so lassen sich überhaupt Schlüsse von einer Zeitstufe auf eine andere, von einem Dialekt auf einen verwandten machen. Nur darf freilich wieder nicht mit Übersehung der lautgesetzlichen Modifikationen schlechthin alles übertragen werden. Dadurch sind z. B. häufig Quantitäten falsch angesetzt. Es ist sehr häufig nicht Identität, sondern Verschiedenheit nach einem regelmässigen Verhältnis anzunehmen. Entspricht z. B.

ein mhd. *u* einem neuhochdeutschen langen *u*, so ist es nicht auch lang, sondern im Gegenteil kurz anzusetzen, während mhd. *û* = nhd. *au* sein müsste. Die verschiedenen Kriterien, die wir besprochen haben, müssen soviel als möglich mit einander kombiniert werden, um zu einem Endergebnis zu gelangen. Man ist am besten daran, wenn sie sich gegenseitig stützen. So ergibt sich z. B. die Scheidung der beiden kurzen *e*-Laute im mhd. und die Verteilung derselben unter die einzelnen Wörter sowohl nach den Reimen als nach der Aussprache in den heutigen Mundarten in wesentlich übereinstimmender Weise und wird auch, abgesehen von einigen noch nicht aufgeklärten Fällen, durch sprachgeschichtliche Gründe gestützt. Mitunter aber wird man durch das Gegeneinanderhalten verschiedener Kriterien vor vorschnellen Folgerungen bewahrt, zu denen man durch einseitige Berücksichtigung des einen verführt werden könnte. In mitteldeutschen Hss. findet sich vielfach ein Schwanken in der Schreibung zwischen *i* und *e* (als Kürzen), und es reimt auch oft mhd. *i* auf *e*. Daraus könnte man schliessen, dass ein Zusammenfall beider Laute eingetreten sei. Da dieselben aber, abgesehen von bestimmten Fällen, noch in den heutigen Mundarten auseinandergehalten werden, so muss man sich auf den Schluss beschränken, dass sie einander näher gestanden haben werden als im Oberdeutschen.

Aus unseren Erörterungen erhellt, dass die Bestimmung des Wertes der Lautzeichen zwar einerseits den Ausgangspunkt für die Erforschung der Lautentwicklung bildet, anderseits aber oft erst durch diese gewonnen werden kann.

§ 26. Es ist die nächste Aufgabe der Lautgeschichte, die Entsprechungen in den einzelnen Wortgestaltungen zwischen den verschiedenen Entwickelungsstufen einer Sprache unter allgemeine Formeln zu bringen, die wir Lautgesetze nennen. Ein Lautgesetz gibt an, dass sich ein Laut (oder eine Kombination von Lauten) innerhalb einer bestimmten Sprachgenossenschaft und einer bestimmten Periode entweder in allen Wörtern, in denen er vorkam, unabhängig von der Bedeutung derselben in einen andern gewandelt hat, oder dass er zwar verschieden behandelt, dass aber diese Verschiedenheit wiederum von der Bedeutung unabhängig und durch eine entsprechende Verschiedenheit rein lautlicher Momente konsequent bedingt ist. Ein Beispiel für den letzteren Fall ist: mhd. *w* ist in der neuhochdeutschen Schriftsprache im Wortanlaut geblieben, nach *r* und *l* zu *b* geworden (*varwe* — *Farbe*), mit vorhergehendem *â* zu *au* verschmolzen (*brâwe* — *Braue*) etc. Man kann auch die Veränderung mehrerer Laute, die etwas Gemeinsames haben, was in analoger Weise verändert ist, in ein Lautgesetz zusammenfassen; z. B.: Media ist zu Tenuis geworden. Als Lautgesetze bezeichnet man dann auch die Formeln für die Entsprechungen, welche die Nachwirkungen des gesetzmässigen Lautwandels sind, die zwischen verwandten Sprachen (lat. *d* = got. *t*) und die innerhalb der gleichen Sprache (den Lautwechsel). Doch bei allen prinzipiellen Erörterungen, welche die Lautgesetze betreffen, sollte man den Ausdruck auf die Formeln für den Lautwandel beschränken, da sonst Begriffsverwirrung unvermeidlich ist.

Die Frage, wieweit die Erscheinungen des Lautwandels sich unter solche allgemeine Formeln bringen lassen, ist neuerdings lebhaft diskutiert (vgl. Abschn. II, S. 121 ff.). Die inneren Gründe, um derentwillen ich mich für die Ansicht entscheide, dass wenigstens durch alle Verschiebungen des Lautmaterials eine derartige Konsequenz hindurchgehen muss, habe ich Princ. 60 ff. auseinandergesetzt. Dass man darüber überhaupt im Zweifel sein kann, liegt daran, dass die Fälle, in denen lautliche Entsprechung vorliegt, nicht ohne weiteres erkennbar sind. Es bedarf dazu erst einer Voruntersuchung, deren Berechtigung jedermann anerkennen muss, mag er nun einen gesetzlichen oder daneben auch einen sporadischen Lautwandel gelten lassen. Wer sich über diese Voruntersuchung hinwegsetzt und sich nur nach willkürlicher Vorliebe entscheidet, der darf nicht den Anspruch erheben, auf dem gegenwärtigen Standpunkt der Wissenschaft zu stehen. Es ist selbstverständlich, dass man sich vergewissern muss, ob die ältere Sprachstufe, die man mit einer jüngeren vergleicht, wirklich genau die Vorstufe derselben ist, ob nicht vielleicht die Mundarten etwas verschieden sind, ob nicht vielleicht die eine oder die andere fremde Elemente, etwa aus einer Gemeinsprache in sich aufgenommen hat, ob man es nicht etwa gar mit einer erst durch die Überlieferung entstandenen Mischung zu thun hat. Solche Möglichkeiten müssen überall erwogen und auf ihre Wahrscheinlichkeit hin geprüft werden. Aber auch innerhalb der ungestörten Entwickelung einer Mundart ergeben sich Formenentsprechungen, die in ihrer äusseren Erscheinung sich nicht von den durch Lautwandel entstandenen unterscheiden. Sie haben mit diesen dasjenige gemein, wovon wir überhaupt ausgehen, wenn wir einen historischen Zusammenhang annehmen, Übereinstimmung in der Funktion, verbunden mit Ähnlichkeit in dem Lautkörper. Analog muss es sich dann natürlich mit den Entsprechungen zwischen verschiedenen Mundarten und Sprachen verhalten.

Solche nur scheinbaren Lautentsprechungen können dadurch entstehen, dass Formen, die von Hause aus verschieden sind, in ihrer Funktion zusammenfallen. Wird dann von ihnen in einer Sprache diese, in einer anderen jene ausgestossen, so entsprechen sich die übrig bleibenden in ähnlicher Weise wie andere Formen, die wirklich aus einer gemeinsamen Grundlage abgeleitet sind. Dieses Verhältnis lässt sich besonders an den Kasusformen der indogermanischen Sprachen beobachten. So ist z. B. die Form, die man als Dat. Pl. bezeichnet, im griech. eine Fortsetzung des alten Lokativs, im got. die des alten Instrumentalis. Wollte man die Dative des Artikels, griech. τοῖσι, τοῖς mit got. þaim identifizieren, so würde man zu der Annahme einer vereinzelten Anomalie in der Lautentsprechung gelangen. In diesem Falle war die Abweichung zu auffällig, um so leicht ruhig hingenommen zu werden, und der wahre Sachverhalt ergab sich unschwer, sobald man etwa das Indische und das Slawische zur Vergleichung heranzog. Dagegen, dass got. *giba* (Gabe) = ahd. *geba* sei, beides als nom. und acc. sg. gebraucht, das schien auf den ersten Blick so einleuchtend, dass man sich zunächst keine Skrupel darüber machte. Jetzt zweifelt wohl kaum noch jemand daran, dass ersteres die Form des nom. sei = ags. *giefu*, letzteres die des acc. = ags. *giefe*, und damit sind verschiedene Unregelmässigkeiten in den Lautverhältnissen, die sich aus jener falschen Identifikation ergaben, beseitigt. Über manche andere Fälle kann man nicht mit der gleichen Sicherheit urteilen, muss sich aber eben darum hüten, aus dem noch nicht genügend Aufgeklärten weitere Konsequenzen zu ziehen. Das Übergreifen des Lokativs und des Instrumentalis in die Funktion des Dativs ist noch nicht der indogermanischen Grundsprache eigen gewesen; ebensowenig fällt die Vermischung des Nominativs und Accusativs der weiblichen *a*-Stämme der germanischen Grundsprache zu, sondern sie ist erst innerhalb der besonderen Entwickelung des Gotischen und des Deutschen eingetreten. In anderen Fällen kann eine schon in der gemeinsamen Grundsprache bestehende Mehrheit von Formen, die in ihrer Funktion gleich geworden sind, in den daraus abgeleiteten Sprachen auf verschiedene Weise vereinfacht sein.

Ein Schwanken in der Schreibung, wobei der gleiche Laut durch mehrere Zeichen wiedergegeben wird, kann sehr verwirrend wirken, indem oft schwer zu entscheiden ist, ob die Differenz auf die Zeichen beschränkt ist, oder ob sie sich auch auf die Laute erstreckt. Man wird dabei darauf achten müssen, ob sich der Wechsel in der Schreibung auf bestimmte Bedingungen zurückführen lässt, welche die Annahme einer lautlichen Differenz rechtfertigen. Es kann aber auch ein ursprünglich von solchen Bedingungen abhängiger Lautwechsel durch Ausgleichung zu einem regellosen geworden sein und ist dann in seiner äusseren Erscheinung von einem bloss orthographischen Wechsel nicht zu unterscheiden. Man muss sich daher bemühen, kein Moment zu übersehen, das etwas zur Entscheidung eines solchen Zweifels beitragen kann. So störend das Schwanken der Schreibung ist, so kann es doch, namentlich in Verbindung mit anderen Momenten dazu verhelfen, die Natur des betreffenden Lautes genauer zu bestimmen; wie wir an dem Beispiel von ahd. *g—k*, *b—p* gesehen haben. Mitunter entspringt das Schwanken auch daraus, dass nach dem Eintritt eines Lautwandels eine neue Schreibweise, welche demselben Rechnung zu tragen sucht, nicht gleich eine ältere traditionelle völlig verdrängen kann. Derartige Fälle sind meist leicht zu erkennen.

Viel häufiger noch entsteht der Schein einer lautlichen Entsprechung durch Neubildungen, die auf Wirkung der Analogie oder auf Kontamination beruhen (vgl. Princ. 85—98. 132—3. 161—192). In beschränktem Masse kann auch partielle Urschöpfung, d. h. onomatopoetische Umbildung in Rechnung gezogen werden (vgl. ib. 144. 5). Die Anschauungen der Sprachforscher gehen darüber auseinander, wie bedeutend die Rolle ist, welche solche Neubildungen in der Sprachentwickelung gespielt haben, aber niemand kann läugnen, dass sie unter allen Umständen als ein Faktor in Rechnung gezogen werden müssen. Wo wir demnach an Stelle einer älteren Form eine jüngere mit der nämlichen Funktion auftauchen sehen, dürfen wir nicht verabsäumen, uns danach umzusehen, ob dieselbe sich ungezwungen als Neubildung auffassen lässt. So lange dies der Fall ist, können wir es jedenfalls nicht als bewiesen ansehen, dass wir es mit einem Lautwandel zu thun haben. Direkt ablehnen werden wir die Annahme eines Lautwandels, wenn in allen Fällen, welche die Auffassung als Neubildung nicht zulassen, eine andere Entsprechung statt hat. Wenn z. B. im nhd. *wir banden* statt des mhd. *wir bunden* eintritt, so werden wir darum keinen Übergang von *u* in *a* statuieren, da sich die Vertretung des ersteren durch das letztere auf den Pl. prät. der Verba, die im Sg. *a* haben beschränkt, wo sie sich durch eine Angleichung an den Sg. erklären lässt. Eine weitere Stütze kann die Abweisung der Annahme eines Lautwandels noch dadurch erhalten, dass die Abweichung, um die es sich handelt, den isolierten Formen fehlt, d. h. denjenigen, deren Zusammenhang mit der Gruppe, in die sie sich ursprünglich einreihten, gelöst oder wenigstens gelockert ist (vgl. Princ. 152 ff.). So werden wir nicht zweifeln, dass nhd. *gewogen, gehoben, geschieden* nicht durch Lautwandel aus mhd. *gewegen, gehaben, gescheiden* entstanden sind, da wir in rein adjektivischem Gebrauch noch die Formen *verwegen, erhaben, bescheiden* haben. Einen sicheren Anhalt für die Annahme eines Lautwandels bieten nur diejenigen Formen, bei denen die Abweichung von der älteren Lautgestalt nicht durch Anlehnung an andere Formen erklärt werden kann. Wenn ich z. B. in nhd. *oder* Länge statt der Kürze im mhd. finde, so kann ich nicht zweifelhaft sein, dass ich es mit einer lautlichen Veränderung zu thun habe, während ich bei der Länge in *dehnte* = mhd. *dente* nicht wissen kann, ob sie nicht auf Angleichung an *ich dehne* etc. oder auf Kontamination mit der im älteren nhd. daneben üblichen Form *dehnete* beruht. An Formen, die in Systemen von stofflichen (etymologischen) und formalen Gruppen stehen, lässt sich ein Lautwandel zunächst nur dann unter allen Umständen mit Sicherheit konstatieren, wenn die Abweichung von der älteren Lautgestalt zugleich eine Differenzierung gegen die in den Systemen ihnen zunächst stehenden Formen ist, vgl. mhd. *du treist, er treit* ahd. *tregist, tregit* gegen *ich trage, wir tragen* etc. Doch ist zu beachten, dass Differenzierung gegen die etymologisch verwandten Formen für sich nichts beweist, wenn sie zugleich Anpassung an ein formelles System ist. So ist *Frösche* zwar eine Differenzierung gegen den Sg. *Frosch*, schliesst sich aber zugleich an die Analogie von *Gast -Gäste* an, und aus der Erwägung der hier in Betracht kommenden Umstände ergibt sich wirklich, dass das *ö* nicht durch Lautwandel entstanden ist. Wo Doppelformen vorliegen, da muss man diejenige, welche den regulären Verhältnissen ihres Systemes am nächsten steht, beiseite lassen und sich an die abweichende halten. So würde man ahd. *uuessa* (ich wusste), nicht *uuesta* bei der Formulierung der Lautentwickelung zugrunde legen, auch wenn nicht im got. *wissa* die allein überlieferte Form wäre. Die anfängliche Beschränkung auf das von mir bezeichnete Material ist wenigstens dann erforderlich, wenn eine durch Verschiedenheit der phonetischen Einflüsse bedingte Lautspaltung in Frage kommt. Aus diesem Material muss man zunächst versuchen, die Lautgesetze zu abstrahieren. Solche zu finden wird auch derjenige bestrebt sein, der sich sträubt ihre Allgemeingültigkeit prinzipiell anzuerkennen. Wo nach dem Eintritt des Lautwandels, für den man das Gesetz feststellen will, das Gebiet, über welches sich derselbe erstreckt, dialektisch differenziert ist, da muss man seine Nachwirkungen durch alle abgeleiteten Mundarten hindurch verfolgen und aus jeder das für die Beurteilung günstigste Material heraussuchen. Auf diese Weise ergänzen sich die aus jeder einzelnen gewonnenen Resultate gegenseitig. Um z. B. zu erkennen, wie sich das Vernersche Gesetz ursprünglich in der Verbalflexion reflektiert hat, ist das Gotische im allgemeinen unbrauchbar, während wir es aus den anderen altgermanischen Dialekten fast noch ganz klar erkennen können, indem z. B. dem gleichförmigen got. *peihan — paih — paihun — paihans* im ahd. mit Wechsel des Konsonanten *dîhu — dêh — digun — gadigan* gegenübersteht. Umgekehrt aber zeigt das Gotische den Wechsel in einem Falle, wo er aus keinem anderen Dialekt mehr ersichtlich ist, bei dem Präteritopräsens *parf — paurbun* = ahd. *darf — durfun*. So ist wieder das Gotische instruktiv mit seinem Wechsel in *juggs — jûhiza* gegen ahd. *jung — jungiro*. Zur Formulierung eines Gesetzes gehört, dass die Bedingungen genau angegeben werden, unter denen der Lautwandel eintritt. Um eine richtige Formel zu abstrahieren, genügen unter Umständen wenige Einzelfälle, wenn sich nur zeigen lässt, dass sie gerade das und nichts weiter mit einander gemein haben, was unter die Bedingungen aufgenommen wird. Nur wird man dann vielleicht weiterhin dazu gelangen, die an sich richtige Formel zu erweitern oder mehrere Formeln unter einer höheren Einheit zusammenzufassen. Die Erfahrung hat bereits gezeigt, dass sich das nach unseren Vorschriften ausgewählte Material gewöhnlich ohne Rest unter Lautgesetze bringen lässt. Dass aber auch so noch Unregelmässigkeiten übrig bleiben müssen, die wir gar nicht oder nur nach unsicherer Vermutung deuten können, ergibt sich aus der Natur der Sache, auch unter der Voraussetzung, dass der Lautwandel ohne Inkonsequenz vor sich gegangen ist. Die Bedingungen, welche den Lautwandel veranlasst haben, sind nicht immer aus der Schreibung zu erkennen. Das gilt namentlich von der Accentuation, die dabei ein so wesentlicher Faktor ist. Man muss dann das Vorhandensein solcher Bedingungen selbst erst erschliessen. Dies geschieht auf Grund von Beobachtungen, die man an anderen Fällen über die gewöhnlichen Ursachen der vorliegenden Arten des Lautwandels gemacht hat. So izt man z. B. gewiss zu der Annahme berechtigt, dass Vokalausstossungen immer nur in den schwächstbetonten Silben eintreten u. dergl. Nicht immer aber kann man mit solcher Wahrscheinlichkeit auf die Bedingungen des Wandels schliessen. Dieselben brauchen auch in der Zeit, bis zu der unsere Beobachtungen hinaufreichen, gar nicht mehr vorhanden zu sein. Die Accentuation kann sich verschoben haben, ein Laut, der andere beeinflusst hat, kann ausgestossen oder modifiziert sein, dass er mit anderen unterschiedslos zusammengefallen ist. Man würde z. B. vom Standpunkt des Nhd. aus schwerlich erkennen, was die Ursache des Wechsels zwischen *e* und *i* in *Berg* — *Gebirge*, *helfen* — *er hilft* ist; Vermutungen, die man darüber nach sonstigen Analogien wagen könnte, würden der thatsächlichen Anhaltspunkte entbehren. Kein Wunder, wenn uns in den ältesten Perioden Lautverhältnisse begegnen, die wir nicht auf ihre Bedingungen zurückführen und daher auch nicht unter Gesetze bringen können. Dazu kommt noch etwas anderes. Es gibt eine Art von analogischer Ausgleichung der durch den Lautwandel entstandenen Differenzen, der auch die isolierteste Wortform ausgesetzt ist. Jeder Lautwandel vollzieht sich innerhalb des Satzgefüges, und es kann daher durch denselben eine Form je nach ihrer Stellung im Satze in mehrere gespalten werden. Die anfängliche Sonderung der Doppelformen (oder Tripelformen etc.) nach dieser Stellung erhält sich dann häufig nicht. Es kann entweder die eine einseitig durch eine andere in ihrer Verwendung beeinträchtigt und eventuell ganz verdrängt werden, oder es kann die Beeinträchtigung eine gegenseitige sein, so dass Promiscuegebrauch die Folge ist, worauf dann wieder eine Form durch die andere verdrängt werden kann, und dabei können die Formen, die schliesslich zur Herrschaft gelangen, bald unter diesen, bald unter jenen Bedingungen entstanden sein (vgl. Princ. 162—4). Ist man in der glücklichen Lage, die Beschränkung der Formen auf ihr ursprüngliches Gebiet noch in den Quellen nachzuweisen, wenn auch nur in Resten, so ist man weiteren Schwierigkeiten enthoben. Wo aber dieses erste Stadium der geschilderten Entwickelung in eine Lücke unserer Überlieferung fällt, da tritt uns zunächst eine Inkonsequenz entgegen, von der nicht einmal ohne weiteres feststeht, dass sie unter Zuhülfenahme von syntaktischen Doppelformen (Satzdoubletten) zu erklären ist, noch weniger, welches eventuell die Bedingungen für die Entstehung der Doppelformen gewesen sind. Auf den richtigen Weg können wir öfters dadurch geleitet werden, dass der Prozess, durch den die in Frage stehenden Doppelformen entstanden sind, sich nicht nur in Wortgruppen, sondern auch innerhalb selbständiger Wörter vollzogen und in diesen seine Wirkung hinterlassen hat. Sind die Doppelformen z. B. dadurch entstanden, dass der Auslaut eines Wortes durch den Anlaut des folgenden beeinflusst ist, so kann dies aus den Folgen erkannt werden, welche der Zusammenstoss der betreffenden Laute im Innern der Worte gehabt hat. So wird man ferner das Nebeneinanderbestehen von ahd. mhd. *duo* und *dô* (tunc) nach der verschiedenen Behandlung des urgermanischen *ô* in Wurzel- und Flexionssilben (ahd. *muot* gegen *salbôta*) beurteilen und annehmen, dass die erstere Form unter dem Einflusse des Hochtons entstanden, die letztere ursprünglich auf enklitischen und proklitischen Gebrauch beschränkt gewesen ist. Im übrigen sind wir wieder darauf angewiesen, nach der Analogie anderer bekannter Lautübergänge auf die Ursachen der Differenzierung zu schliessen.

Sind aus dem ausgewählten Materiale die Formeln für den Lautwandel abstrahiert, so muss man dann weiter daran gehen, dieselben auf die ganze Masse des Vorliegenden anzuwenden und dabei versuchen, wieweit sie sich konsequent durchführen lassen, und wieweit sie zur Erklärung der Thatsachen genügen. Die Hauptaufgabe wird dann sein, alle einzelnen Wortformen entweder unter die gefundenen Formeln unterzubringen oder zu versuchen, wieweit sie sich als Neubildungen auffassen lassen, die unter Anlehnung an solche Wortgebilde entstanden sind, die zu den gefundenen Formeln stimmen. Man wird sich manchmal damit begnügen müssen, dass eine solche Auffassung mit den allgemeinen Bedingungen des Sprachlebens im Einklang und daher nicht unwahrscheinlich ist. Oft aber wird sie noch durch besondere Anhaltspunkte gestützt. Ist eine durch Lautwandel entwickelte Form von einer Neubildung verdrängt, und ist uns die erstere wegen gänzlichen Fehlens oder Dürftigkeit der Quellen für den betreffenden Zeitabschnitt gar nicht überliefert, so entsteht häufig der Schein, als sei die letztere eine direkte Fortsetzung der Form, die vor dem Eintritt des Lautwandels bestand, und von dem fraglichen Lautwandel verschont. Solche Formen sind es namentlich, die gegen die Ausnahmslosigkeit der Lautgesetze ins Feld geführt werden, und man behauptet von ihnen, dass sie durch die Analogie der verwandten Formen geschützt seien. Einer solchen Annahme lässt sich durch den Nachweis begegnen, dass auch innerhalb der Formengruppen, für die sie gemacht wird, noch die Wirkungen des Lautwandels vorliegen. Wir sind dazu dadurch imstande, dass sich häufig einzelne Formen der sonst durch eine Gruppe durchgeführten Ausgleichung entzogen haben, und zwar solche, die besonders häufig gebraucht sind. Im anord. ist Verkürzung langer Vokale vor Doppelkonsonanz eingetreten. Man könnte nun annehmen, dass sich unter andern der Nom. Acc. N. der Adjektiva dieser Verkürzung entzogen hätte, da wir *brätt, blitt, mött* etc. zu *brádr, blídr, módr* haben. Aber zu *gódr* haben wir neben *gött* noch *gott*, letzteres regelmässig in einer der ältesten und zuverlässigsten Quellen. Von besonderer Bedeutung werden hier wieder die isolierten Formen. Man könnte vom Standpunkte des Nhd. aus, wenn die Belege aus den älteren Quellen nicht vorlägen, die Behauptung aufstellen, dass das Part. *gediehen* von der Wirkung des Vernerschen Gesetzes, wie sie in *gezogen* vorliegt, verschont geblieben wäre, würde man nicht durch das im adjektivischen Gebrauch daneben stehende *gediegen* eines Besseren belehrt. Die isolierten Formen können allerdings nach dieser Richtung hin nur dann zum Beweise herangezogen werden, wenn sie sich erst nach dem Eintritt des fraglichen Lautwandels aus ihrem Systeme gelöst haben. Immerhin würden wir in Bezug auf die Frage, wieweit die Wirkungen des Lautwandels nachträglich durch Ausgleichung gestört sind, weniger klar sehen, wenn diese jedesmal zu dem Resultat geführt hätte, dass der neu entwickelte Laut wieder durch den älteren verdrängt wäre. Nun aber ist sehr häufig auch das Umgekehrte der Fall. Die Wirkungen des eben erwähnten nordischen Verkürzungsgesetzes sind da, wo eine Ausgleichung möglich war, meistens zu Gunsten des langen Vokals beseitigt. Wir finden aber z. B. *ymiss* (abwechselnd) neben *ýmiss* aus ursprünglichem *ýmiss* — dat. *ymsum* etc. Durchgeführt ist die Verkürzung in *hofud* aus *haufud* (nur noch einmal belegt) — dat. *hofde*. Wir stützen uns bei dieser Erklärung auf die zahlreichen Fälle, in denen eine derartige Entwickelung aus den Quellen zu erweisen ist, vgl. nhd. *schlagen — geschlagen* gegen *zeihen — geziehen* aus mhd. *slahen — geslagen* wie noch jetzt *ziehen — gezogen*. Wollte man in *ymiss* und *hofud* nicht analogische Neuschöpfungen sehen, so würde man dazu gelangen, sich eine reine Willkür in der Behandlung der Laute gefallen zu lassen. Erkennt man aber für solche Fälle die Richtigkeit unserer Erklärungsmethode an, so ist kein Grund, sich gegen die Anwendung derselben zu sträuben, wo das umgekehrte Resultat vorliegt. Wenn schon eine Mundart reichliches Material für die entgegengesetzte Richtung der Ausgleichung darbieten kann, so bietet sich in der Regel doch noch eine grössere Fülle dar, wenn auf den Lautwandel eine Sprachspaltung gefolgt ist und nun die verschiedenen Mundarten bei den nämlichen Wörtern verschiedene Wege eingeschlagen haben.

Es kann sich bei der vollständigen Durcharbeitung des Materiales nun aber auch das Resultat ergeben, dass mit den aus ganz unverdächtigem Materiale abstrahierten Formeln die Lautentwickelung noch nicht erschöpft ist, indem mitunter die Wirkungen der Analogie gar keine Formen mehr übrig gelassen haben, aus denen sich die Resultate eines Lautwandels noch rein und unvermischt erkennen lassen. Wo ein derartiger Fall vorliegt, sind wir nur auf Formen angewiesen, denen man es zunächst nicht ansehen kann, ob sie durch Ausgleichung oder durch Lautwandel entstanden sind, und zwar ist es dann in der Regel die durch Ausgleichung nach entgegengesetzter Richtung entstandene Inkonsequenz, durch die wir auf die Vorgänge hingewiesen werden, die sich abgespielt haben. So verhält es sich z. B. mit dem Wechsel zwischen *i* und *e* im Ahd. in den Fällen, in denen ersteres das Ursprüngliche ist. Wir haben teils Doppelformen wie *skif* — *skef*, teils *e* allein (*steg, nuehha* etc.), teils *i* allein (*gestigen, zil* etc.). Wir befinden uns solchen Verhältnissen gegenüber in einer ähnlichen Lage wie gegenüber den durch Satzdoubletten entstandenen Inkonsequenzen, die auch gar nicht immer von den in Rede stehenden Fällen leicht zu sondern sind. Man wird sich zuweilen mit der allgemeinen Vermutung begnügen müssen, dass überhaupt Ausgleichung eines Lautwechsels stattgefunden hat, ohne die Bedingungen aufzeichnen zu können, unter denen derselbe entstanden ist. Diese Resignation wird uns namentlich dann leicht auferlegt, wenn die bedingenden Momente unserer Beobachtung gar nicht mehr zugänglich sind. Häufig aber werden wir nach anderweitigen Analogieen eine Vermutung darüber wagen und den Wechsel rekonstruieren dürfen. So ist es hinsichtlich des angezogenen Wechsels zwischen *i* und *e* von vornherein wahrscheinlich, dass *e* durch assimilierenden Einfluss des Vokals der folgenden Silbe entstanden ist. Selbstverständlich müssen sich die vorliegenden Verhältnisse aus den als lautgesetzlich angenommenen ungezwungen ableiten lassen. Noch weiter gelangt man, wenn man nachweisen kann, dass das Schwanken sich auf bestimmte Fälle beschränkt, während andere davon frei sind, und dass gerade in den ersteren bestimmte Veranlassungen zu einer Lautmodifikation vorhanden waren, die in den letzteren fehlen. Auch dieses Kriterium kann man auf den ahd. Wechsel zwischen *i* und *e* anwenden. Verschont von demselben bleiben z. B. die *i*-Stämme wie *biz, scrit, list*. Vor allem aber bleibt das in einer früheren Periode aus *e* entstandene *i* konstant, dem ein *i* oder *j* folgte.

§ 27. Der Wert, welchen die Feststellung der Lautgesetze hat, besteht zunächst darin, dass damit eine sichere Unterlage für die in ihren Anfängen auf ein Raten angewiesene Etymologie geschaffen wird. Man wird dadurch einerseits in vielen Fällen davor bewahrt, aus zufälligen Ähnlichkeiten auf historische Beziehungen zu schliessen, man wird anderseits in den Stand gesetzt, vesteckere Beziehungen zwischen Wörtern, die auf den ersten Blick wenig Ähnlichkeit zeigen, aufzufinden. Denselben Dienst leisten die Lautgesetze natürlich auch bei der Untersuchung über den historischen Zusammenhang zwischen den in Wortbildung und Flexion verwendeten Mitteln. Durch ihre Hülfe werden wir sogar befähigt, gar nicht überlieferte Wortgestaltungen aus denen einer anderen Entwickelungsstufe oder einer verwandten Sprache zu rekonstruieren. Wir können so z. B. den althochdeutschen Wortvorrat aus den heutigen Mundarten ergänzen, wenn wir auf

Grund der Wörter, die in der alten und in der neuen Form vorliegen, das Verhältnis der Laute festgestellt haben. Eine partielle Rekonstruktion ist es, wenn durch ein solches Hülfsmittel eine Schreibung, die an sich mehrfache Auffassung zulässt, gedeutet wird, wenn wir z. B. aus der Aussprache der jetzigen Mundarten schliessen, dass ahd. *snecco*, mhd. *snecke* offenes *e* gehabt hat (vgl. § 25). Zu einer solchen, sei es vollständigen, sei es partiellen Rekonstruktion ist nicht jedes beliebige Material geeignet, indem häufig die Form einer Mundart oder Zeitstufe verschiedenen Formen einer anderen entsprechen kann. Man muss sich daher bald an diese, bald an jene Mundart halten, je nachdem die eine oder die andere nur eine Entsprechung zulässt. Man wird auch oft zwei Mundarten mit einander kombinieren müssen, weil zwar jede mehrere Entsprechungen zulässt, aber nur eine beiden gleichzeitig gerecht wird. Hiervon zu unterscheiden ist das Verfahren, welches wir einschlagen, wenn wir aus den einander entsprechenden Wortgestaltungen verwandter Sprachen oder Mundarten die ihnen gemeinsam zugrunde liegende Gestalt rekonstruieren, ohne dabei schon von einer Kenntnis der Grundsprache unterstützt zu werden, die nicht überliefert ist. Hierbei können wir nicht mit der gleichen Sicherheit verfahren. Wir haben nicht bloss zu schliessen, dass dieser oder jener Laut eines schon bekannten Lautsystems zu Grunde gelegen hat, sondern das Lautsystem selbst muss erst auf Schlüssen aufgebaut werden. Daraus, dass die gesetzliche Entsprechung bestimmter Laute in den verwandten Sprachen nachgewiesen ist, folgt zunächst nur, dass ihnen der gleiche Urlaut zu Grunde liegt. Unter den Vorstellungen, die wir uns von demselben bilden können, werden wir dann diejenige bevorzugen, aus welcher die vorliegenden Laute am ungezwungensten abgeleitet werden können. Dabei kann aber mitunter noch ein ziemlich grosser Spielraum bleiben. Die Hauptsache ist, dass wir genau so viel Unterscheidungen zwischen den Lauten der Grundsprache machen, als erforderlich sind, um die Unterschiede in den abgeleiteten Sprachen darauf zurückzuführen. Hat man einmal ein solches System auf Grund allseitiger Durcharbeitung des massgebenden Materiales gewonnen, so kann man nun damit wie mit dem Lautsystem einer überlieferten Sprache operieren. Bei allen bloss auf Grund der Lautgesetze konstruierten Formen, muss man sich freilich gegenwärtig halten, dass damit nur angegeben ist, wie eine den zugrunde gelegten entsprechende Form zu einer bestimmten Zeit in einer bestimmten Sprache hätte lauten müssen. Die Entscheidung darüber, ob diese Form wirklich existiert hat, hängt noch von besonderen Erwägungen ab. Man muss sowohl den Untergang von Formen wie die verschiedenen Arten der Neubildung, endlich auch die Entlehnung aus einer fremden Sprache als Eventualitäten in Rechnung ziehen. Am sichersten ist man, wenn man gleichzeitig von einer älteren (eventuell von einer älteren mit Sicherheit erschlossenen) und einer jüngeren auf eine mittlere schliessen kann. Schon nicht unbedingt darf man dem Schluss von mehreren verwandten Sprachen auf ihre gemeinsame Grundsprache trauen, da gar nicht selten analoge Neubildungen unabhängig von einander geschaffen werden. Anderseits kann man, auch ohne dass die Formen verschiedener Sprachen zur Vergleichung vorliegen, eine jüngere Form mit Sicherheit als lautliche Fortsetzung einer alten Bildung in Anspruch nehmen, sobald die Bildungsweise derartig ist, dass sie in jüngerer Zeit nicht mehr möglich gewesen wäre. So ist *Ricke* (weibliches Reh) erst im nhd. belegt, muss aber auf eine urgermanische Bildung zurückgehen (*riǧî, gen. *riǧjôs,) da nur so das lautliche Verhältnis zu *Reh* (urgerm. *râiho) begreiflich wird.

Die Feststellung der Lautgesetze greift in alle Teile der Sprachgeschichte ein. In der Bedeutungsentwicklung, auch auf syntaktischem Gebiete kann man keine sicheren Schritte thun, ohne dass die Berechtigung der dabei gemachten Voraussetzungen über den historischen Zusammenhang auch nach der lautlichen Seite hin geprüft wird. Ebenso kann man über die Neubildungen nach Analogie oder durch Kontamination nicht sicher urteilen, solange das Gebiet derselben gegen das des Lautwandels nicht auf die in § 26 geschilderte Weise abgegrenzt ist. Der Lautwandel ist aber auch ein bedingendes Element für die Bedeutungsentwickelung und noch mehr für die Veränderungen in der Gruppierung der sprachlichen Elemente und damit für das Untergehen alter und das Schaffen neuer Wörter und Formen. Durch ihn ersterben lebendige Bildungsweisen (vgl. Princ. 159 ff.), wodurch indirekt das Aufkommen neuer begünstigt wird; durch ihn vor allem wird der Anlass zu analogischer Neuschöpfung gegeben, sei es, dass dabei das alte Verhältnis der Wortformen zu einander durch Ausgleichung erneuert (vgl. ib. 161 ff.), sei es, dass in neue Bahnen hinüber gelenkt wird (vgl. ib. 180 ff.); Unterschiede, die durch ihn entstanden sind, können zu Merkmalen für Verschiedenheit der Funktion werden (vgl. ib. 172 ff.); Doppelformen, die durch ihn allein oder in Verbindung mit einer durch ihn veranlassten Neubildung entstanden sind, geben die Gelegenheit zu Bedeutungsdifferenzierungen (vgl. ib. 212 ff.); bei der Entstehung der Wortbildung und Flexion gehört er zu den wesentlichsten mitwirkenden Faktoren (vgl. ib. 274. 291 ff.)

Unter diesen Umständen zeugt es nur von einem Mangel an Verständnis für die Sprachentwickelung, wenn von manchen Seiten mit Geringschätzung auf eine exakte Behandlung der Lautgeschichte herabgesehen wird, weil dieselbe sich nur mit der äusseren, leiblichen Seite der Sprache, nicht mit der geistigen beschäftige. Es erhellt aber auch, wie wenig gerechtfertigt es ist, wenn von anderer Seite der Wert, welchen die Feststellung der Lautgesetze hat, durch die Bemerkung herabgedrückt wird, dass damit noch keine Einsicht in die Ursachen der Sprachentwickelung gewonnen sei. Zunächst ist doch damit konstatiert, was das allererste sein muss, ob überhaupt ein Lautprozess vorliegt, und weiterhin haben wir daran einen festen Anhalt, um die Bedingungen für eine Reihe von anderen Vorgängen zu erkennen. Natürlich müssen wir versuchen, auch den Ursachen des Lautwandels soweit als möglich auf die Spur zu kommen, indessen muss man sich gegenwärtig halten, dass hierbei auch im günstigsten Fall so gut wie bei allen anderen geschichtlichen Vorgängen ein Rest bleibt, der unserer Erkenntnis nicht zugänglich ist. Anzustreben ist zunächst eine genaue Analyse des Lautwandels, die vor allem darin besteht, dass man sich den Unterschied klar macht, der zwischen der Thätigkeit der Sprechorgane bei Erzeugung des neuen Lautes und derjenigen bei Erzeugung des früheren besteht, und dass man womöglich die Stufen der Entwickelung festzustellen sucht, wodurch sich dieser Unterschied herausgebildet hat. Soweit solche Stufen unserer Beobachtung direkt oder indirekt zugänglich sind, muss man sich dieses Vorteils bedienen. Auf Grund des historischen Materiales kann man dann versuchen, eine Systematik der vorkommenden, namentlich der häufig auftretenden Lautveränderungen zu entwerfen, wobei man sich besonders an diejenigen Fälle halten wird, die sich am besten analysieren lassen. Diese Systematik gehört in die sprachwissenschaftliche Prinzipienlehre, schliesst sich aber am besten an die Lehre von der Erzeugung der Sprachlaute überhaupt, an die allgemeine Phonetik an, die sie zu ihrer notwendigen Voraussetzung hat. Sie hat, wie die Prinzipienlehre überhaupt, ihren Wert an sich, liefert aber zugleich das Material für die Beurteilung des empirisch Gegebenen, wo dasselbe unklar und lückenhaft ist, und für die Ergänzung desselben zu einem Kausalzusammenhange. Zur Einsicht in die bei dem Lautwandel wirksamen Momente gehört es ferner, dass man die Zusammenhänge ermittelt, welche innerhalb eines Dialektgebietes zwischen den einzelnen Erscheinungen bestehen. Dies wird zum Teil dadurch erreicht, dass man den Lautgesetzen eine möglichst allgemeine Fassung gibt, und nichts isoliert hinstellt, was sich unter eine höhere Einheit unterordnen lässt. Es ist also an die Darstellung der Lautbewegung die nämliche Forderung zu stellen, die wir schon für die Beschreibung des Zuständlichen eingeschärft haben (vgl. § 23). Hiermit aber sind wir zu Ende mit dem, was sich im günstigsten Falle über die historische Kausalität wirklich ermitteln lässt. Wir können wohl konstatieren, dass gewisse Arten des Lautwandels sich sehr leicht einstellen, dass gewisse Momente sehr gewöhnlich die Veranlassungen zu bestimmten Veränderungen werden, dass gewisse Veränderungen in der Regel mit einander verbunden auftreten. Aber wir können damit nie einen Lautwandel als etwas absolut Notwendiges erweisen, das nicht auch hätte unterbleiben können. Es bleibt uns verborgen, warum ein Lautwandel gerade in diesem Dialekt zu dieser bestimmten Zeit eingetreten ist, ausser insoweit, als wir ihn etwa mit anderen Erscheinungen desselben Dialektes und derselben Zeit in Verbindung setzen, und auch so gelangen wir schliesslich zu etwas Unerklärbarem. Verschiedene Versuche, die man gemacht hat, um die Besonderheiten in den Lautverhältnissen der einzelnen Sprachen zu erklären, sind durchaus dilettantisch und halten vor einer unbefangenen Prüfung nicht Stich. Eine Verschiedenheit in dem Bau der Sprechorgane, die den sprachlichen Verschiedenheiten entspräche, lässt sich nicht nachweisen. Hinfällig ist, was man von Einflüssen des Klimas behauptet hat. Ebenso ist bis jetzt die Ableitung aus geistigen Eigenheiten der Völker, wie sie z. B. Scherer versucht hat, missglückt. Auch mit den Versuchen, die Sprachmischung zur Erklärung heranzuziehen, was innerhalb bestimmter Grenzen gewiss seine Berechtigung hat, ist man neuerdings wohl meist zu rasch bei der Hand gewesen. Dass man sich in dieser Hinsicht bescheiden muss, wird jedem einleuchten, der sich einmal die Menge der bei dem Vollzug eines Lautwandels mit und gegen einander wirkenden Faktoren vergegenwärtigt hat, deren Anteil im einzelnen unserer Beobachtung ganz entzogen ist (vgl. Princ. Cap. 3).

§ 28. Wir mussten diejenigen Fragen, über welche die Ansichten am meisten auseinandergehen, etwas ausführlicher erörtern. Das Übrige können wir kürzer abmachen. Während sich bei dem Lautwandel dem Alten etwas Neues unterschiebt, so dass das Untergehen des ersteren und das Entstehen des letzteren der gleiche Prozess ist, so bestehen alle übrigen Veränderungen des Sprachmateriales entweder in dem Zuwachs von etwas Neuem oder in dem Verlust von etwas Altem, und erst durch die Kombination dieser beiden Prozesse kann die Ersetzung eines Alten durch ein Neues zustande kommen.

Der Zuwachs kann in der Schöpfung eines ganz neuen Ausdrucksmittels bestehen oder in der Anknüpfung einer neuen Funktion an ein schon bestehendes, entsprechend der Verlust in dem völligen Untergange eines Ausdrucksmittels oder bei Erhaltung desselben in dem Fortfallen einer Funktion, die es bis dahin gehabt hat. Der Eintritt des einen wie des andern muss zunächst aus den Quellen ermittelt und soweit als möglich chronologisch fixiert werden, natürlich auch mit Berücksichtigung des verschiedenen Verhaltens der Mundarten. Doch lassen sich die chronologischen Verhältnisse nicht immer nach den Quellen bestimmen. Selbst wo man eine fortlaufende

Überlieferung hat, geschieht es nicht selten, dass ein Wort oder eine Bedeutung eines Wortes schon lange vor dem ersten Auftreten in einer schriftlichen Quelle vorhanden gewesen ist. So manches Wort und so manche Verwendungsweise kommt in der eigentlichen Literatur kaum vor, zumal wenn sich dieselbe in einem beschränkten Stoffkreise bewegt und stark von stilistischen Traditionen abhängig ist, weshalb wir denn auch vieles, was in unserer heutigen Umgangssprache gang und gäbe ist, nicht weit zurück verfolgen können. Je spärlicher die Quellen, umsomehr fehlen natürlich die äusseren Anhaltspunkte für die Chronologie. So wichtig es daher auch ist, das erste Auftreten jedes Wortes und jeder Wortbedeutung zu konstatieren, so würde es doch verfehlt sein, die betreffenden Daten ohne weiteres zur Basis einer Entwickelungsreihe zu machen. Später belegte Wörter oder Bedeutungen können älter sein als früher belegte. Ob man dies im einzelnen Falle annehmen darf, das wird mit davon abhängen, ob man nach Umfang und Beschaffenheit des Quellenmateriales das Nichtvorkommen trotz des früheren Vorhandenseins als wahrscheinlich betrachten kann. Innere Gründe wird man bei der Beurteilung nie entbehren können. Man ist aber noch nicht auf diese allein angewiesen, so lange nicht die Hülfsmittel erschöpft sind, welche die Vergleichung der verwandten Sprachen bietet. Durch diese wird es häufig möglich, das Alter eines Wortes weiter zurückzudatieren, oder das innerhalb der Einzelsprache unentschiedene Altersverhältnis zwischen verschiedenen Bedeutungen zu bestimmen, oder diese auf eine Grundbedeutung zurückzuführen, welche die betreffende Sprache eingebüsst hat. Die Vergleichung ist daher auch für die Bedeutungsentwickelung innerhalb der Einzelsprache nicht zu entbehren, da man sich sonst über den richtigen Ausgangspunkt täuschen kann.

Auch der Untergang von Ausdrucksmitteln und Funktionen derselben muss natürlich sorgfältig an der Hand der Quellen verfolgt werden. Auch dieses ist nicht immer gleich gut möglich, sondern besser oder schlechter je nach der Fülle und Beschaffenheit der Quellen, und je nachdem die Veranlassung zum Gebrauche von Anfang an häufiger oder seltener ist. Dem gänzlichen Verschwinden geht natürlich ein Seltenerwerden voraus, wobei sich die einzelnen Individuen verschieden verhalten, namentlich die ältere und jüngere Generation, wobei die einen noch ein aktives Verhältnis zu dem Gebrauch haben, die anderen nur noch ein passives, auf das Verständnis beschränktes (vgl. Princ. 32).

Neue Wörter können auf verschiedene Weise geschaffen werden, und es ist natürlich die Aufgabe der historischen Forschung, die Entstehungsweise festzustellen. Die eine Art können wir als Urschöpfung bezeichnen (vgl. Princ. Cap. IX). Hierbei ist die Verknüpfung des Lautmateriales mit der Bedeutung etwas Originales, beruht nicht auf einer Umbildung und veränderten Kombination schon bestehender Verknüpfungen. Mit der Urschöpfung hat die Sprache begonnen. Die grosse Rolle, die sie im Anfang gespielt hat, ist allmählich immer mehr beschränkt. Doch wird sich nicht läugnen lassen, dass auch in jüngerer Zeit manche Wörter durch Urschöpfung entstanden sind, und zwar Bezeichnungen für Geräusche und geräuschvolle Bewegungen. Wir können dies allerdings nur daher vermuten, dass wir eine beträchtliche Zahl solcher Wörter erst spät auftauchen sehen und dabei ausser Stande sind, dieselben an ältere etymologisch anzuknüpfen. Im einzelnen Falle kann man auch schwer zu völliger Sicherheit gelangen, da gerade hier sehr mit der Möglichkeit gerechnet werden muss, dass nur die literarische Verwendung, nicht das Wort selbst jung ist. Andererseits aber ist auf diesem Gebiete auch in der Annahme etymologischer Verwandtschaft grosse Behutsamkeit erforderlich (vgl. § 10). Die gewöhnlichste Art der Entstehung neuer Wörter ist die Bildung nach Analogie (vgl. Princ. 88 ff.). Dazu kommt drittens das Zusammenwachsen syntaktischer Gruppen (vgl. Princ. Cap. XIX). Endlich kann sich eine Sprache durch Entlehnung aus einer anderen bereichern.

Wie die einzelnen Wörter, so können syntaktische Verhältnisse ohne Anknüpfung an etwas schon Bestehendes geschaffen werden und entsprechen dann unmittelbar den psychischen Verhältnissen zwischen den Vorstellungen, welche durch die Wörter bezeichnet werden (vgl. Princ. Cap. VI.) Im übrigen hängt die Neuschöpfung und Umbildung der syntaktischen Ausdrucksmittel sowie alles Formalen mit den Umwandlungen in den psychischen Gruppierungsverhältnissen zusammen, die wir im folgenden Paragraphen besprechen wollen.

Über die Art, wie neue Bedeutungen an schon vorhandene Wörter angeknüpft werden, habe ich Princ. Cap. IV gehandelt. Um zu richtiger Erfassung der Bedeutungsentwickelung eines Wortes zu gelangen, wird man die dort skizzierten, einer viel détaillierteren Ausführung fähigen Grundsätze mit genauen Erhebungen über die Chronologie des ersten Auftretens der einzelnen Verwendungsweisen verbinden müssen. Die inneren Wahrscheinlichkeitsgründe müssen aushelfen die richtige Reihenfolge herzustellen, wo die äusseren versagen oder nicht entscheidend sind. Sie müssen ferner herangezogen werden, um fehlende Zwischenstufen zu ergänzen. So viel als möglich muss man natürlich denselben vorher durch Beobachtung beizukommen suchen. Darauf, nicht auf ein gedankenloses Häufen von Belegstellen muss das Augenmerk des Lexikographen gerichtet sein. Dasselbe gilt von der Bedeutungsentwickelung der Suffixe und sonstigen Bildungselemente sowie der syntaktischen Verhältnisse, nur dass dabei, wie schon in § 23 hervorgehoben ist, neben der allgemeinen Bedeutung die Bedeutung innerhalb des einzelnen Wortes berücksichtigt werden muss.

[1] Vgl. Sitzungsber. der phil.-philol. Classe der bair. Ak. d. Wiss. 1894. S. 53 ff.

§ 29. Sowohl der Zuwachs wie der Verlust ist in hohem Grade bedingt durch die Art, wie sich die Sprachvorstellungen in der Seele gruppieren. Die Veränderungen in der Art der Gruppierung zu verfolgen gehört daher zu den wichtigsten Aufgaben der Sprachgeschichte. Schliessen sich die nach Lautgestalt und Funktion ähnlichen Wörter und Formen zu Gruppen zusammen, so wird dadurch die Neuschöpfung nach Analogie ermöglicht. Diese hört auf, sobald der Zusammenschluss nicht mehr stattfindet. Dann sterben die lebendigen Bildungsweisen ab und bleiben, wo sie nicht ganz schwinden, in isolierten Resten, die nicht mehr fähig sind, Neubildungen hervorzurufen. Es muss festgestellt werden, wie der Laut- und Bedeutungswandel zerstörend auf die Gruppen wirkt (vgl. Princ. 152—161). Auf der andern Seite muss das Aufkommen neuer Gruppen verfolgt werden. Diese können so entstehen, dass ganz neu geschaffene Ausdrucksmittel nicht isoliert bleiben, sondern sich wie die alten zusammenschliessen. Häufiger ist es, dass durch eine Umwandlung des älteren Materiales nach Laut und Bedeutung manches auseinander, anderes aneinander gerückt wird (Princ. Cap. XI. XII) oder auch, dass die Auffassung des Verhältnisses zwischen den Elementen einer Gruppe sich verschiebt (ib. Cap. XIII).

Viele Veranlassung zur Umbildung gibt die gegenseitige Beeinflussung synonymer Ausdrucksformen durch einander, die Kontamination (Princ. Cap. VIII), noch mehr die Beeinflussung der traditionellen Ausdrucksformen durch die von der Sprache unabhängigen psychischen Verhältnisse (Princ. Cap. XV. XVI).

§ 30. Das Entstehen und Untergehen der sprachlichen Ausdrucksmittel hängt natürlich immer mit dem Bedürfnis der Sprechenden zusammen. Wörter und Wortbedeutungen kommen ausser Gebrauch, wenn die Gegenstände oder die Vorstellungsweisen, die sie bezeichnen, untergehen oder das Interesse, das sie ehemals gehabt haben, einbüssen. Umgekehrt ist durch das Aufkommen neuer Gegenstände, Vorstellungsweisen und Interessen auch stets ein Antrieb zum Schaffen neuer Ausdrucksmittel gegeben. Ob sie wirklich geschaffen werden, hängt freilich auch davon ab, wie bequem sie sich auf Grund des schon Vorhandenen darbieten. Aber auch ohne dass alte Bedürfnisse aufhören und neue sich bilden, unterbleibt weder der Untergang alter noch das Aufkommen neuer Ausdrucksmittel, und dann steht beides in einem Wechselverhältnis zu einander, welches zu beobachten für das Verständnis der Sprachentwickelung von grossem Werte ist. Der Hergang ist dann entweder der, dass zunächst etwas untergeht, etwa weil es durch den Lautwandel sein Charakteristisches verloren hat und dadurch unbrauchbar geworden ist, und dann durch etwas Neues ersetzt wird. Oder, und das ist das gewöhnlichere, es bildet sich für eine Funktion, für die schon ein Ausdrucksmittel vorhanden ist, ein neues, welches entweder überhaupt erst geschaffen wird oder nur zu seinen bisherigen Funktionen auch die betreffende übernimmt. Eine weitere Folge ist dann gewöhnlich die, dass der Überfluss nach einiger Zeit wieder beseitigt wird. Dies kann so geschehen, dass das eine Ausdrucksmittel ganz untergeht. Dies ist regelmässig dasjenige, welches weniger zweckmässig ist, das undeutlichere oder dasjenige, welches schlechter im Gedächtnis haftet, zugleich meistens das ältere. Es können aber auch die Ausdrucksmittel beide bestehen bleiben, jedoch die eine Zeit lang gemeinsame Funktion bleibt nur an dem einen haften. So geschieht es sehr häufig, dass gewissermassen ein Ausdrucksmittel das andere aus einem Teile seiner Funktionen herausdrängt, während es selbst vielleicht gleichzeitig wieder von einem andern aus seinen früheren Funktionen ganz oder teilweise verdrängt wird. Es können auch zwei Ausdrucksmittel, welche die gleichen Funktionen haben, sich wechselweise je aus einem Teile derselben herausdrängen. Dann entsteht Bedeutungsdifferenzierung (vgl. Princ. Cap. XIV). Die Beobachtung dieser Verhältnisse gehört notwendig zu einer historischen Behandlung des Worschatzes. Bei der alphabetischen Anordnung unserer Lexika können dieselben nur in Exkursen dargelegt werden. Eine eigens darauf ausgehende Darstellung würde eine historische Synonymik ergeben, wesentlich verschieden von der gewöhnlichen, nur Lehrzwecken dienenden. Ebenso müssen die angedeuteten Gesichtspunkte auf die geschichtliche Behandlung der Wortbildungslehre und Syntax angewendet werden.

6. LITERATURGESCHICHTE.

§ 31. Die Aufgaben der Literaturgeschichte genau abzugrenzen ist kaum möglich. Der Begriff «Literatur» ist ein schwankender, und jede Definition, die man davon versuchen mag, wird Anfechtungen ausgesetzt sein. Dem Wortlaute nach müsste man darunter die Gesamtheit der schriftlichen Aufzeichnungen verstehen. Doch ist man darüber einig, dass man nur solche zur Literatur rechnet, welche zur Verbreitung in die Öffentlichkeit, für ein Publikum bestimmt sind. Demnach wären also Briefe (abgesehen von sogenannten offenen Briefen), Tagebücher, Urkunden, Protokolle etc. auszuschliessen. Es kann aber manches, was vom Verfasser nicht für die Öffentlichkeit bestimmt ist, später ans Licht gezogen werden und auf das Publikum wirken, als wenn es von Anfang an dafür gemacht wäre. Zweifelhaft kann man sein, wie weit man Gelegenheitsdichtungen, die für einen engeren Kreis bestimmt sind, zur Literatur rechnen soll. Sehen wir hiervon ab, so liegt der Begriff der Literatur in dem bezeichneten Umfange den älteren Versuchen zu zusammenfassender Übersicht zu Grunde, z. B. Reimmanns *Einleitung in die historiam literariam* (1708—13). Dies war aber nur möglich, so lange die Literaturgeschichte lediglich als Bücherkunde gefasst wurde. Würde man dabei auf den Inhalt eingehen, so würde man dazu gelangen, die Geschichte aller Wissenschaften, ja beinahe aller menschlichen Kenntnisse und Fertigkeiten einzubegreifen. Alle neueren Bearbeitungen der Literaturgeschichte beschränken sich auf ein viel engeres Gebiet, auch diejenigen, welche die Grenzen am weitesten stecken. Gervinus hat sich ausdrücklich auf eine Geschichte der Dichtung beschränken wollen. Es ist aber leicht zu zeigen, wie misslich es mit der Durchführbarkeit einer solchen Beschränkung steht. Man hätte dann nur diejenigen Werke in den Kreis der Darstellung hineinzuziehen, deren Zweck, wie wir es vielleicht am einfachsten bezeichnen können, darin besteht, Gemüt und Phantasie anzuregen. Allein eine Poesie, welche jeden anderen Zweck ausser demjenigen der ästhetischen Wirkung von sich ausschliesst, eine Poesie, wie sie Goethe und Schiller während ihres Zusammenwirkens als Ideal vorschwebte, ist durchaus nicht das Normale, und es ist auch schwerlich zu wünschen, dass sie je das Normale werde. Die beiden haben in ihrer eigenen Praxis der Theorie nicht treu bleiben können. Religiöse, ethische, politische, soziale Tendenzen, persönliche Wünsche, Liebe und Hass haben von jeher in der Poesie ihren Ausdruck gesucht, und keineswegs immer zum Schaden derselben. Der Literarhistoriker, wenn er sich auch noch so sehr auf das Ästhetische beschränken will, kann diese Nebenzwecke nicht ignorieren, selbst wenn sie, wie so häufig, von der Art sind, dass ihre Einmischung die Zwecke der Poesie beeinträchtigt. Noch anders stellt sich die Sache von folgendem Gesichtspunkt aus dar. Das Streben nach ästhetischer Wirkung kann nicht bloss als Hauptabsicht auftreten, der sich andere Zwecke beigesellen; es kann sich auch als Nebenabsicht dem eigentlichen Zwecke eines Werkes unterordnen, was wiederum vielfach möglich ist, ohne diesen zu beeinträchtigen. So kann ein Werk, dessen Verfasser sich lehrhafte Darstellung zur Aufgabe gesetzt hat, zugleich ein Kunstwerk, ja ein bedeutendes Kunstwerk sein, und beansprucht als solches einen Platz in der sogenannten schönen Literatur. In der älteren Zeit ist es auch sehr üblich, dass Stoffe, die sich ihrer Natur nach wenig zu poetischer Behandlung eignen, doch in metrischer Form verarbeitet werden und infolge davon auch bis zu einem gewissen Grade mit den stilistischen Mitteln der Dichtung. Besonders hervorgehoben werden muss noch ein Teil der nicht poetischen Literatur, dessen Behandlung auf das engste mit derjenigen der Poesie selbst verbunden werden muss, die Schriften über ästhetische Theorie und Kritik. Eine reinliche Aussonderung und isolierte Behandlung des Poetischen in der Literatur ist demnach nicht möglich. Man kann nicht weiter gehen, als dass man dasselbe in den Mittelpunkt der Betrachtung stellt. Am besten gelangt man vielleicht auf einem anderen Wege zu einer Abgrenzung des in der Literaturgeschichte zu behandelnden Stoffes, indem man nämlich die Scheidung nach dem Publikum macht, an welches sich die Werke wenden, indem man demgemäss alles aufnimmt, was sich an die Gesamtheit des Volkes wendet oder wenigstens an Schichten von gewisser allgemeiner Durchschnittsbildung, und nur die Fach- und Berufsliteratur ausschliesst. Eine so weite Ausdehnung wird man nicht vermeiden können, wenn man die inneren Zusammenhänge verfolgen will. Auch diese Grenze wird nicht immer innegehalten werden können und ist überhaupt eine fliessende.

Haben wir uns bisher darum bemüht, wie etwa der Begriff der Literatur, von dem wir zunächst ausgegangen sind, sich verengen lässt, so müssen wir denselben auf der andern Seite erweitern. Die Bezeichnung «Literatur» ist nach etwas Sekundärem gewählt, welches nicht notwendig zu den in dem Material der Sprache geschaffenen Geisteserzeugnissen gehört. Die Schrift ist nur ein Mittel zum Festhalten eines solchen Erzeugnisses in der Gestalt, in welcher es zuerst geschaffen ist. Bevor dieses Mittel zu Gebote stand, wurde derselbe Dienst durch mündliche Tradition geleistet. Dieselbe behauptete sich auch, nachdem die Anwendung der Schrift möglich geworden war, anfangs sogar für die nationale Poesie als das Normale, dann immer mehr eingeschränkt, aber nie ganz verdrängt. Wir müssen trotz des Wortsinnes von «Literatur» alles einbegreifen, was in eine bestimmte sprachliche Form gebracht und in derselben erhalten und verbreitet ist, also vor allem Volkslieder, aber auch Segen- und Zaubersprüche, Formeln für Rechtshandlungen, Rätsel und die einfachsten derartigen Schöpfungen wie Sprüchwörter, traditionelle Scherze u. dergl. Wir können aber auch nicht gut solche Erzeugnisse ausschliessen, bei denen nur die Komposition im ganzen festgehalten wird, während der Wortlaut mehr oder weniger variiert, Sagen, Märchen, Anekdoten und sonstige in ungebundener Rede überlieferte Erzählungen. Nur für den Moment bestimmte und mit ihm untergehende Gelegenheitsdichtung und insbesondere Improvisation wäre nach der eben angenommenen Fassung des Begriffes auszuschliessen, darf aber doch nicht unberücksichtigt bleiben, soweit man überhaupt etwas davon wissen kann, weil sie sich der gleichen Mittel bedient wie jede andere Poesie.

Die Literatur hat eine relative Selbständigkeit anderen Kulturgebieten gegenüber. Für ihre Entwickelung sind die Vorgänge, die sich innerhalb ihrer selbst vollziehen, die Beeinflussung eines Erzeugnisses durch das andere, in erster Linie von Wichtigkeit. Andererseits aber ist sie durch das Gesamtleben des Volkes bedingt und wirkt ihrerseits auf dasselbe. Ihre Entwickelung kann daher, wenn sie isoliert betrachtet wird, nicht ausreichend verstanden werden. Gewisse Gebiete gibt es, die mit ihr in engster Verbindung stehen. Eine Geschichte der Poesie ist nicht denkbar ohne eine Geschichte der Art, wie sie mitgeteilt und verbreitet ist. Eine Geschichte des Dramas muss die Geschichte des Bühnenwesens und der Schauspielkunst einschliessen. Von hause aus durchgängig, später wenigstens immer noch zu einem Teil ist die Poesie für musikalischen Vortrag bestimmt, und soweit dies der Fall ist, hat die Musik Einfluss auf ihre Form, der verfolgt werden muss, soweit Mittel dazu vorhanden sind. Entsprechende Beziehungen, wenn auch noch früher und stärker eingeschränkt, haben zum Tanz bestanden. Für die Literatur im eigentlichen Sinne des Wortes ist die Entwickelung des Schreib- und Druckwesens und des Buchhandels von tiefgreifender Bedeutung. Schöpfung oder Vortrag der Poesie ist vielfach an bestimmte Gelegenheit gebunden, an den Kultus, an die Feste und Spiele des Volkes, die Beredsamkeit entspringt dem öffentlichen religiösen, politischen, rechtlichen Leben. Die Bedingungen für die Produktion müssen dann natürlich zunächst, soweit als möglich, in dem Leben und der Entwickelung der Dichter und Schriftsteller aufgesucht werden. Wieweit die sonstigen Kulturverhältnisse in die Betrachtung hineingezogen werden müssen, das hängt sehr von der Beschaffenheit der Literatur ab. Es kommt darauf an, wie eng ihre Beziehung zum Leben ist, wie ausgedehnt der Stoffkreis, den sie umspannt. Unter allen Umständen ist die Poesie eine Hauptquelle für die Kenntnis der eigenartigen Empfindungsweise eines jeden Volkes und Zeitalters. Geschichte der Poesie ist nicht denkbar ohne Geschichte des Empfindungslebens, und es müssen deshalb die sonstigen Äusserungen desselben zur Vergleichung herangezogen werden. In dieser Hinsicht leisten ausser den Erzeugnissen der übrigen Künste in der neueren Zeit besonders Briefe und Tagebücher gute Dienste, auch abgesehen von aller direkten Beziehung zur Literatur.

§ 32. Die eigentlichen Quellen der Literaturgeschichte sind natürlich die literarischen Erzeugnisse selbst, wie sie in mündlicher oder schriftlicher Überlieferung vorliegen. Diese muss zu allererst textkritisch untersucht werden, damit man womöglich zu der echten Gestalt, eventuell, wenn mehrere vom Verfasser selbst herrührende Auflagen vorliegen, zu den verschiedenen echten Gestalten des Werkes gelangt, oder aber, wo dies nicht möglich ist, die nötige Vorsicht in der Beurteilung anwendet. Man wird sich unter Umständen mit einem entstellten oder fragmentarischen Texte oder einer Umarbeitung begnügen müssen. Ja selbst eine blosse Nachbildung kann unter Umständen Aufschlüsse über den Charakter eines verlorenen Vorbildes gewähren, die nicht zu verschmähen sind. Umarbeitung und Nachbildung können auch einer anderen Sprache angehören als das Original. Neben den für die Öffentlichkeit bestimmten Redaktionen der Werke sind uns von neueren Schriftstellern nicht selten Vorstufen dazu erhalten, ältere Fassungen oder Entwürfe, dazu die Vorstufen von solchen Werken, die niemals zum Abschluss gekommen, die demnach auch nicht in die Literatur eingetreten sind, nichtsdestoweniger aber wegen ihres Zusammenhanges mit den abgeschlossenen Werken unsere Berücksichtigung verlangen.

Neben den literarischen Hervorbringungen sind aber auch Zeugnisse für die Forschung unentbehrlich. Wir werden dadurch über den Verfasser belehrt, über Ort und Zeit der Entstehung, über die Veranlassung zur Abfassung, über etwa benutzte Quellen, über Umstände, die fördernd oder hemmend auf die Arbeit eingewirkt haben, über den Erfolg beim Publikum und manches andere. Derlei Zeugnisse können einen integrierenden Bestandteil des betreffenden Werkes bilden, entweder direkt zur Orientierung des Lesers oder Hörers bestimmt, was bis in das 16. Jahrh. in Deutschland sehr gewöhnlich ist, oder als ohne solche Absicht gemachte Anspielungen; sie können abgetrennt davon als Vorreden, Widmungen etc. des Autors oder Herausgebers auftreten, ferner als Titel oder Über- und Unterschriften, endlich ganz selbständig. Im letzten Falle sind sie gleichfalls entweder ausdrücklich zu dem Zwecke aufgezeichnet, um Kunde von der Entstehung eines Werkes zu geben, in Bibliographieen, Literaturgeschichten, Biographieen etc., oder es sind Angaben, die ohne solchen Zweck gemacht sind, und bei denen es nur Zufall ist, dass sie für uns als Quellen brauchbar sind, wie sie z. B. in anderen Werken der Literatur, namentlich aber für die neuere Zeit in Briefen zu finden sind.

Von ganz besonderem Werte werden die Zeugnisse, wenn das Werk, über das sie berichten, verloren gegangen ist. Es ist ein wesentliches Kennzeichen für die historische Betrachtung der Literatur, dass sie nicht bloss das noch Vorhandene zu nutzen sucht, sondern nach Möglichkeit alles einmal Dagewesene zu verzeichnen und ihm seine Stellung innerhalb der Gesamtentwickelung anzuweisen bestrebt ist.

Sobald man versucht, dem Zusammenhange der literarischen Produktion mit dem sonstigen Kulturleben nachzugehen, so kann natürlich alles, was für dieses Quelle ist, auch Quelle für die Literaturgeschichte werden. Wir begnügen uns hier, noch auf die wichtigsten Grundlagen für das Biographische hinzuweisen. Diese sind sehr mannigfacher Art. In manchen Fällen hat man eigene Aufzeichnungen der Schriftsteller über ihr äusseres und inneres Leben, noch öfter Aufzeichnungen und Erinnerungen von solchen, die zu ihnen in persönlicher Beziehung standen, oder die in der Lage waren, von anderen, die solche Beziehungen hatten, etwas zu erfahren. Über gewisse Daten können Kirchenbücher und sonstige Akten aufklären. Die dürftige Kunde, die wir von dem Leben der mittelalterlichen Dichter haben, beruht ausser ihren eigenen Andeutungen oder Anspielungen bei ihren Zeitgenossen und nächsten Nachfolgern, fast nur auf Urkunden, die sie oder von ihnen genannte Personen (etwa Gönner) ausgestellt oder noch öfter bloss unterschrieben haben, woraus sich dann in der Regel nur Heimat und ungefähre Lebenszeit bestimmen lässt. Für die neuere Zeit haben wir zum Teil ein ungemein reichliches Material in den Briefen, in erster Linie natürlich in den von dem Schriftsteller selbst geschriebenen oder empfangenen, weiterhin aber auch in denjenigen aus seinem Bekanntenkreise und selbst in solchen, die von Leuten herrühren, die nur gelegentlich mit ihm in Berührung gekommen sind. Als eine Quelle für die Kenntnis der Persönlichkeit sind auch die Gesichtszüge derselben zu betrachten, wo sie auf uns gekommen sind.

§ 33. Die Untersuchung über jedes literarische Erzeugnis hat damit zu beginnen, dass man sich über das erreichbare Quellenmaterial orientiert und durch eine kritische Verarbeitung desselben festzustellen sucht, was sich daraus für die Entstehungsgeschichte des Denkmals ergibt. Vernachlässigung der vorhandenen Hülfsmittel hat viele schiefe Urteile zur Folge gehabt. Die Resultate, die man auf diese Weise gewinnt, sind in Bezug auf Reichhaltigkeit und Sicherheit für die einzelnen Denkmäler sehr verschiedenartig. Während man das eine von den ersten Ansätzen an durch eine Reihe von Entwickelungsstadien hindurch bis zu seiner Vollendung und dann eventuell noch weiter durch verschiedene Umarbeitungen verfolgen kann, fehlt bei einem anderen jeder äussere Anhaltspunkt für seine Entstehungsgeschichte und seine Herkunft. Für das eine hat man Dokumente von unanfechtbarer Echtheit und Zuverlässigkeit, für das andere nur solche von zweifelhaftem und bestrittenem Werte oder Mischungen von Echtem und Unechtem. Wie schon § 13 angedeutet ist, hat der Aufbau der Literaturgeschichte von denjenigen Werken auszugehen, in Bezug auf welche uns die reichste und zuverlässigste Überlieferung zu Gebote steht. Bei den anderen wird man den Mangel an festen äusseren Anhaltspunkten dadurch zu ersetzen streben, dass man untersucht, wie sie sich nach ihrer inneren Beschaffenheit zu jenen verhalten, hinsichtlich deren wir besser daran sind. Für die Einreihung nach Verfasserschaft, nach Ort oder Zeit der Entstehung kann dabei der Nachweis der Benutzung eines Werkes in einem anderen entscheidend werden, aber auch bloss Übereinstimmung oder Abweichung in den charakteristischen Eigenheiten. Es sind jedoch nicht ausschliesslich literargeschichtliche Kriterien, mit denen in einem solchen Falle operiert werden kann. Aus der Sprache und aus den zugrundeliegenden Kulturverhältnissen lassen sich Bestimmungen gewinnen, die mitunter sehr genau und zuverlässig sind und es ermöglichen, auch solche Werke, über welche Zeugnisse mangeln, von vornherein als Unterlagen für die Konstruktion der Literaturgeschichte zu benutzen.

Nachdem alle etwa überlieferten Stufen in der Entwickelung eines Werkes und die über diese Entwickelung vorliegenden Zeugnisse zusammengebracht und kritisch verwertet sind, wird der Historiker auch weiterhin zunächst versuchen, soweit als möglich in die Entstehungsgeschichte einzudringen, wozu nun ein Schlussverfahren erforderlich ist, dessen wichtigstes Hülfsmittel die Vergleichung bildet. Dabei kann, wo es nicht schon auf Grund der Überlieferung entweder feststeht oder ausgeschlossen ist, in Frage kommen, ob etwa mehrere Verfasser anzunehmen sind. Solche können nach Verabredung zusammengearbeitet haben. Oder es kann einer das Werk des anderen fortgesetzt, interpoliert oder überarbeitet haben. Oder endlich es können Werke, die unabhängig von einander entstanden sind, von einem Späteren ganz oder verstümmelt, unverändert oder überarbeitet zusammengefügt und etwa durch eigene Zusätze verbunden sein. Über die Mittel, die eventuell zum Erkennen einer Überarbeitung und zur Beurteilung ihres Verhältnisses zum Originale führen, ist schon bei der Textkritik gehandelt. Bei der Unterscheidung verschiedener Particen nach den Verfassern kommen dieselben inneren Gründe in Betracht, wie sonst bei Verfasserfragen, worauf wir später einzugehen haben.

§ 34. In Bezug auf jedes einzelne Werk ist uns die Aufgabe gestellt, dasselbe gewissermassen wieder in die Elemente aufzulösen, aus denen es sich in der Seele des Verfassers zusammengesetzt hat. Um seine Thätigkeit richtig zu würdigen, muss man die Materialien kennen, die er bearbeitet hat. Der Grad seiner eigenen Produktivität kann dabei ein sehr verschiedener sein. Er kann seine Materialien in einem so rohen Zustande vorgefunden haben und derartig zerstreut und zerstückelt, dass es nur ganz kleine Teile sind, die nicht erst durch ihn ihre bestimmte Form und Verbindung erhalten haben. Sie können ihm aber auch mehr oder weniger zusammengefügt und auch bereits bearbeitet entgegengebracht sein, und er kann sie dann mehr oder weniger in der von ihm vorgefundenen Gestalt belassen haben. Zwei verschiedene Gebiete müssen wir zunächst unterscheiden, denen er diese Materialien entnimmt. Auf der einen Seite stehen mündliche und schriftliche Überlieferungen, bei denen also das dem Dichter oder Schriftsteller unmittelbar Gegebene mit dem Medium gleichartig ist, dessen er sich für seine Produktionen bedient, während die Gegenstände, welche durch den sprachlichen Ausdruck bezeichnet werden, ihm nicht unmittelbar erscheinen. Für den Dichter wird es dabei einen grossen Unterschied machen, ob die betreffende Überlieferung bereits poetisch gestaltet ist oder nur als historischer Bericht oder anderweitige sachliche Mitteilung auftritt. Es ist in dem ersten Falle auch sehr wesentlich, ob sie sich der gleichen Sprache wie er oder einer anderen bedient. Auf der anderen Seite stehen die sonstigen Anschauungen, wie sie durch die Sinne und die innere Erfahrung gegeben werden, für die also nun umgekehrt noch keinerlei Art sprachlichen Ausdrucks gegeben ist. Das ganze weite Gebiet der Natur und des Menschenlebens kann den Stoff zu diesen Anschauungen liefern. Aus dem letzteren kann ein Dichter etwas darstellen, wobei er selbst nur die Rolle des unbeteiligten oder wenigstens nur sympathisch beteiligten Zuschauers gespielt hat, oder Erlebnisse die sein eigenes Innere mehr oder minder stark erschüttert haben, und dasjenige, was sich in diesem Inneren selbst abgespielt hat. Zu der Beobachtung fremden Menschenlebens gehört mit in erster Linie die Beobachtung der sprachlichen Äusserungen desselben. Diese gehören also als solche hierher, während sie als blosse Vermittelungen des vom Dichter nicht selbst Geschauten unter die andere Hauptkategorie fallen. Die Aufnahme der bezeichneten Materialien in die Seele des Dichters oder Schriftstellers und die Verarbeitung derselben zum Behuf der Erzeugung seines Werkes sind nicht immer zwei scharf getrennte und auf einander folgende Thätigkeiten, vielmehr verbindet sich leicht schon mit der Aufnahme selbst eine schöpferische Thätigkeit, indem die Seele entweder wenigstens im allgemeinen für eine solche Thätigkeit vorbereitet ist, oder sogar schon bestimmte Pläne gefasst hat, wodurch die Richtung der Aufmerksamkeit bestimmt wird und die Art, wie neue Eindrücke aufgenommen werden, auch der Verlauf der inneren seelischen Vorgänge.

Um nun aus einem Werke die Bestandteile wieder herauszufinden, aus denen es erwachsen ist, muss man sich zunächst umschauen, ob man nicht wenigstens einen Teil derselben noch in der Selbständigkeit beobachten kann, die sie hatten, bevor die Zusammenfügung durch den Verfasser vorgenommen wurde. Am besten ist man meistens daran in Bezug auf benutzte schriftliche Aufzeichnungen, zumal wenn diese der eigentlichen Literatur angehören. Die Werke des Mittelalters und der Renaissance sind zum grossen Teile mehr oder weniger freie Bearbeitungen, oft geradezu nur Übersetzungen eines anderen literarischen Werkes. In der neueren Zeit ist die sogenannte freie Erfindung häufiger geworden und, wo doch eine Quelle zu Grunde liegt, ist das Verfahren gewöhnlich selbständiger. Quellenuntersuchungen spielen daher eine bedeutende Rolle für alle Epochen der Literaturgeschichte, doch nicht für alle eine gleich grosse. Mit welchem Erfolge sie zu führen sind, das hängt natürlich sehr davon ab, ein wie günstiges Geschick über der Überlieferung gewaltet hat. In einigen Fällen weist uns ein ausdrückliches Zeugnis des Verfassers selbst oder eines anderen Gewährsmannes auf die Quelle hin, in anderen muss man sie erst suchen und auf Grund des Übereinstimmenden als solche erkennen. Je näher der Anschluss an die Quelle ist, je weniger Schritte von dieser bis zu dem in Frage stehenden Werke sind, einen um so klareren Einblick haben wir in die Thätigkeit des Verfassers eben deshalb, weil diese so wenig kompliziert ist. Wo dagegen nur das Gerippe der Handlung einer bestimmten Quelle entlehnt ist und vielleicht noch stark umgestaltet, da bleibt immer noch eine schwierige Analyse auszuführen, wozu weitere Hülfsmittel sehr erwünscht sind. Komplizierter wird die Untersuchung, wenn die Quelle selbst nicht auf uns gekommen ist, sondern nur mehrere Ableitungen aus der nämlichen Quelle, so dass wir erst mit Hülfe einer Vergleichung derselben untereinander das Original, soweit als thunlich, rekonstruieren müssen, wobei wieder die Grundsätze zur Anwendung kommen, die in § 20 in Bezug auf Rekonstruktion eines Originaltextes aus verschiedenen Hss. ausgeführt sind. Es kann auch eine indirekte Quelle erhalten sein, während die direkte verloren gegangen ist, und noch andere verwickeltere Verhältnisse sind möglich. Eigentümlich gestaltet sich die Untersuchung, wenn die Quelle partiell erhalten ist und gleichzeitig mehrere Ableitungen aus ihr. Der Tristan Gottfrieds von Strassburg geht auf ein französisches Gedicht zurück, von dem wir nur ein ganz kleines Stück mit Gottfrieds Arbeit vergleichen können, weil im übrigen die erhaltenen Fragmente in denjenigen Teil des Werkes fallen, zu dessen Bearbeitung dieser nicht mehr gelangt ist. Wir besitzen aber ausserdem vollständig ein englisches Gedicht und einen nordischen Prosaroman, welche auf die nämliche Vorlage zurückgehen. Über die Beschaffenheit der verlorenen Hauptmasse des französischen Gedichtes und Gottfrieds Verhältnis zu derselben können wir nun nicht bloss auf Grund einer Vergleichung der drei Ableitungen unter einander urteilen, sondern wir werden in der Gewinnung einer richtigen Auffassung noch unterstützt durch die Anschauungen, die wir uns über das Verfahren Gottfrieds aus dem kleinen vergleichbaren Stücke und über das Verfahren des englischen und des nordischen Verfassers durch Vergleichung der betreffenden Partieen mit den ganzen erhaltenen Fragmenten bilden können.

Wo mehrere Quellen benutzt sind, wird dadurch die Untersuchung nicht wesentlich erschwert, solange das, was der einen entnommen ist, von dem, was der andern entstammt, gesondert bleibt, zumal wenn sich die Benutzung nach den verschiedenen Partieen verteilt. Anders steht es, wenn eine wirkliche Ineinanderarbeitung stattgefunden hat, die dann auch nicht ohne einen stärkeren Grad selbständiger Kombination möglich ist. Noch geringer wird die Sicherheit des Urteils, wenn es sich nur um Benutzung einzelner Charaktere, Situationen oder Motive handelt. Hier sind die in § 10 geforderten Erwägungen am Platze, bevor man überhaupt einen Kausalzusammenhang annimmt. Einen zuverlässigeren Anhalt gewähren in der Regel wörtliche Übereinstimmungen, sobald dieselben sich nicht auf Gruppen von minimalem Umfang beschränken, auch Übereinstimmungen des Versmasses, sobald sie über das Übliche und Verbreitete hinausgehen. Je geringer der Grad der Übereinstimmung ist, um so mehr wird nicht nur das Urteil darüber erschwert, ob überhaupt eine Entlehnung stattgefunden hat, sondern auch darüber, ob dieselbe eine direkte oder indirekte gewesen ist, oder ob etwa Benutzung einer gemeinsamen Quelle anzunehmen ist.

Hat mündlich Überliefertes als Quelle oder Vorbild gedient, so kann uns öfters der Umstand, dass mehrere Werke daraus geschöpft haben, doch einigen Aufschluss über das Benutzte und die Art der Benutzung geben. Es kann auch auf eine uns erhaltene schriftliche Quelle zurückgehen. Es kann endlich auch selbst vielleicht später aufgezeichnet sein und uns also doch vorliegen. Indessen wird es dann kaum je noch ganz die Gestalt haben, in der es benutzt ist, und wir haben also, genau genommen, doch den Fall, dass wir es mit mehreren Ableitungen aus der gleichen Grundlage zu thun haben.

Die unmittelbare Nachbildung der Natur und des Lebens kann sich geradezu als Darstellung des Selbsterlebten und Geschauten geben, sie kann aber auch als reine Dichtung auftreten, wobei es von vornherein in das Belieben des Verfassers gestellt ist, wieweit er bei der Wirklichkeit bleiben oder sich von derselben entfernen will. Im letzteren Falle können wieder Zeugnisse dafür vorhanden sein, dass diese oder jene realen Gegenstände oder Begebenheiten die Unterlage gebildet haben, oder es kann dies nur aus Übereinstimmungen geschlossen werden, wobei man sich natürlich immer innerhalb der durch die Lebensverhältnisse des Dichters gegebenen Möglichkeiten halten muss. Die Kenntnis, welche wir von solchen realen Unterlagen haben können, ist selten eine direkte. Wir können von geschilderten Örtlichkeiten eine eigene Anschauung gewinnen, wobei aber doch öfters Veränderungen durch natürliche Ursachen und noch mehr durch den Einfluss menschlicher Kultur berücksichtigt werden müssen. Auch von den Produkten menschlicher Thätigkeit, die geschildert werden, liegen manche noch in wesentlich unveränderter Gestalt vor. Aber von Personen, und ihren Thaten und Schicksalen kann nur, wenn sie der nächsten Vergangenheit angehören, eine Anschauung in der Erinnerung fortleben. Sonst ist das, was uns am unmittelbarsten zu ihnen in Beziehung setzt, ihre etwaige Hinterlassenschaft an eigenen Erzeugnissen, wozu insbesondere die schriftlichen Herzensergiessungen gehören, auch die eigenen des Dichters, die noch ohne Gedanken an eine poetische Ausgestaltung gemacht sind. Dazu kommen dann Berichte, aus unmittelbarer Anschauung geschöpft oder erst wieder vermittelt, und, was die äussere Erscheinung der Personen und Sachen betrifft, Nachbildungen durch die Kunst. Da bedarf es denn erst wieder einer kritischen Untersuchung über die Zuverlässigkeit, wir haben nicht die Grundlage selbst, sondern mehrere Ableitungen aus derselben. Im günstigsten Falle entgeht uns vieles, was der Dichter geschaut und erlebt haben kann. Es hängt sehr vom Zufall ab, wie reich oder wie gut das uns zur Verfügung stehende Material ist. Für die ältere Zeit ist es im allgemeinen sehr geringfügig. Mit der Aufspürung des persönlich Erlebten in der Dichtung hat sich die frühere noch dilettantische Forschung mehr beschäftigt als mit der Verfolgung der literarischen Abhängigkeitsverhältnisse. Ohne den Wert der ersteren zu unterschätzen, wird man doch behaupten dürfen, dass die letztere im allgemeinen zu sichereren Resultaten führt und zugleich wichtiger ist. Jene ist eigentlich nur lohnend bei Dichtern von bedeutender Eigenart, und nur dann, wenn uns die realen Verhältnisse, um die es sich handelt, noch in greifbarer Gestalt entgegentreten. Wo eine solche fehlt, sich in vage Hypothesen zu verlieren, ist zwecklos. Auch nützt es wenig, die besonderen Anlässe zu Dichtungen nachzuweisen, wenn der Verfasser, wie es so gewöhnlich ist, die Personen und Verhältnisse, die er im Sinne hat, doch nur nach einer traditionellen Schablone schildert.

Dieses Urteil, sowie überhaupt unsere bisherigen Erörterungen, bezieht sich nur auf den Fall, dass es sich um das Verhältnis der Dichtung zu bestimmten Einzelheiten des wirklichen Lebens handelt. Ganz anders steht es, sobald das Verhältnis der in der Dichtung geschilderten allgemeinen Zustände zu den Zuständen des wirklichen Lebens der Zeit in Frage kommt. Diese Untersuchung ist überall von höchster Wichtigkeit, auch bei untergeordneten Produkten, mehr noch allerdings für die allgemeine Kulturgeschichte als für die Poesie insbesondere. Hierfür fehlt es auch in keiner Periode an einigermassen ausgiebigen Hülfsmitteln.

Je mehr wir das vom Dichter verwertete Material noch in der Gestalt betrachten können, die es hatte, bevor es durch seine Hände ging, um so besser können wir über sein Verfahren urteilen und sein Verdienst würdigen. Es gibt aber unter Umständen auch Quellen, welche uns direkt über sein Verfahren belehren, so dass man es auch von dieser Seite her versuchen kann, etwas dazu beizutragen, den Anteil der einzelnen Faktoren zu bestimmen, die bei der Produktion zusammengewirkt haben. Er kann sich selbst über die von ihm befolgten Grundsätze ausgesprochen haben. Diese können erst von ihm ausgebildet und in theoretischen und kritischen Schriften niedergelegt sein. So ist es z. B. selbstverständlich, dass man an Lessings und Schillers spätere Dramen zunächst den Massstab legen muss, der ihren vorangegangenen ästhetischen Schriften zu entnehmen ist. Jedoch nicht bloss öffentliche, sondern auch private Bekenntnisse eines Dichters über seine Anschauungen von Poesie und poetischer Produktion müssen berücksichtigt werden und nicht bloss selbständige Ansichten, sondern auch die Zustimmung zu fremden. Man kann ferner dasjenige, was man über das Verfahren eines Dichters aus einem Werke ermittelt hat, dessen Grundlagen gut bekannt sind, bis zu einem gewissen Grade auf ein anderes übertragen, dessen Grundlagen wenig oder gar nicht bekannt sind, oder bei dem es zweifelhaft ist, ob man etwas als Grundlage anerkennen soll oder nicht. Für den letzteren Fall verweise ich beispielsweise auf die bekannte Streitfrage, ob Wolfram von Eschenbach wirklich, wie er selbst angibt, für seinen Parzival das Werk eines Provenzalen Kyot als Quelle benutzt hat, von dem bisher noch keine Spur entdeckt ist, oder ob er nach dem Conte del Graal des Chrestiens von Troyes gearbeitet hat. Zur Entscheidung dieser Frage ist unter andern auch das Verhältnis von Wolframs Willehalm zu seiner französischen Quelle von Belang, indem sich danach beurteilen lässt, wieweit es wahrscheinlich ist, dass die Abweichungen im Parzival vom Conte del Graal auf Rechnung des deutschen Dichters zu setzen sind.

§ 35. Unter den Anforderungen, die man an den Literarhistoriker stellt, ist wohl die vornehmste, dass er es versteht, die einzelnen Werke zu charakterisieren. Eine wirklich gelungene Charakteristik muss imstande sein, auch demjenigen, der das betreffende Werk nicht kennt, eine einigermassen entsprechende Idee davon zu geben. Sie ist aber nicht bloss darum zu erstreben, um als Surrogat für die mangelnde Anschauung des Objektes selbst zu dienen, vielmehr muss sie sich auch mit dieser verbinden, und erst aus dieser Verbindung entspringt eine vollkommene Erfassung. Um zu einer solchen Charakteristik zu gelangen, kommt es zunächst darauf an, das Wesentliche von dem Unwesentlichen und Zufälligen zu scheiden. Das Wesentliche besteht aber nicht in Einzelheiten, die ganz isoliert stehen, sondern vielmehr in dem Zusammenstimmen einer Reihe von Einzelheiten. Auch hier führt eine vergleichende Methode zum Ziele. Indem wir solche Einzelheiten nach dem Übereinstimmenden, was sie enthalten, zu Gruppen ordnen, gelangen wir gleichzeitig gemäss den in § 11 ausgeführten allgemeinen Grundsätzen und unter Beobachtung der dort geforderten Kautelen zu einer Ableitung derselben aus einer gemeinsamen Ursache. Wir erkennen darin bestimmte Absichten des Dichters oder auch unbewusste Äusserungen seiner eigentümlichen Natur oder Folgen aus der besonderen Beschaffenheit des Stoffes, aus der Wahl des Metrums etc. Indem man dann kleinere Gruppen soweit als möglich wieder zu höheren Einheiten verbindet und damit neue Kausalbeziehungen aufdeckt, gelangt man endlich zu einem Abschluss der Vorarbeiten für eine Charakteristik, die nun umgekehrt von dem Allgemeinsten und von den primitivsten Ursachen ausgehen und daraus das Einzelne ableiten kann.

Die Erfassung der charakteristischen Eigenheiten eines Werkes ist wie das Verständnis abhängig von der eigenen geistigen Organisation. Je reicher und vielseitiger dieselbe ist, um so mehr wird sie auch den verschiedenartigen Anforderungen gerecht werden können, die dabei an sie gestellt werden. Eine besondere Schulung dafür wird eben durch die Bekanntschaft mit möglichst verschiedenartigen Erzeugnissen und möglichstes Eindringen in dieselben gewonnen. Wenn es eigener innerer Reichtum ist, was vorzugsweise dazu befähigt, die positiven Eigenheiten in den verschiedenen Werken zu erfassen, so muss noch etwas anderes hinzukommen, um das Negative dabei nicht zu übersehen. Es bedarf dazu noch mehr einer besonderen Übung, damit man nichts von seiner eigenen Anschauungs- und Empfindungsweise ungehörigerweise in eine fremde Individualität und deren Erzeugnisse hineinträgt, zumal wenn diese einer anderen Zeit oder Nationalität angehört, damit man sich auch der Schranken bewusst wird, innerhalb deren sie steht. Man wird sich die positiven und negativen Eigenheiten eines fernliegenden und fremdartigen Werkes in der Regel dadurch klar machen, dass man es mit naheliegenden und vertrauten Werken vergleicht und sich der Unterschiede bewusst zu werden sucht. Entsprechend wird man mit Nutzen verfahren, wenn man anderen die Eigenheiten auseinandersetzen will. Vergleichung ist ja überhaupt durchgängig ein gutes Mittel, die Aufmerksamkeit zu schärfen und die Besonderheiten einer jeden Erscheinung hervortreten zu lassen. So empfehlenswert sie als ein solches ist, so muss nichtsdestoweniger vor einer gewissen Art kunstvollen Parallelisierens gewarnt werden, die nicht sowohl wissenschaftlichen als rhetorischen Zwecken dient, wobei der symmetrischen Gruppierung die strenge Sachlichkeit aufgeopfert wird.

Mehr als ein bloss methodologischer oder pädagogischer Wert kommt der Vergleichung zu, wenn diejenigen Erzeugnisse gegeneinander gehalten werden, die historisch unter sich in der nächsten Beziehung stehen. Hier dient sie als Hülfsmittel für die Feststellung dieser Beziehung und die Erkenntnis des Eigentümlichen in jeder einzelnen Leistung. So kann man zunächst die etwa vorhandenen verschiedenen Rezensionen eines Werkes unter einander vergleichen. Indem man die einzelnen Abweichungen einer Rezension von der zunächst vorangegangenen nach dem Gemeinsamen, was sie enthalten, in Gruppen bringt, gelangt man zu einer Charakterisierung der Tendenzen, welche bei der Umarbeitung massgebend gewesen sind. So bemerkt man z. B. leicht, wenn man die ersten Ausgaben der vorderen Partie von Klopstocks Messias und die ursprüngliche Gestalt seiner Jugendoden mit den späteren Ausgaben vergleicht, dass an zahlreichen Stellen anfangs dreisilbige Füsse mit einer Silbe von schwererem Tongewicht, namentlich der Wurzelsilbe eines zweiten Kompositionsgliedes in der Senkung vorhanden waren, während sie sich in der Umarbeitung nicht mehr finden, vgl. *durch die Mitternacht hin,* gegen *oft um Mitternacht* oder *und dem sanftthränenden* gegen *und dem getrübteren*. Man gelangt demnach zu dem Schlusse, dass eben die Beseitigung dieser nach des Dichters späterer Auffassung überladenen Senkungen ein Hauptmotiv für die Überarbeitung gewesen ist. An anderen Stellen erkennt man ebenso mit Hülfe der Vergleichung, dass die Absicht, gewisse Ausdrücke wie «Olympus», «Göttliche» für die Geliebte u. a. zu beseitigen den Anstoss gegeben hat. Und so wird man bei einer methodischen Durcharbeitung selten über die Motive der vom Dichter vorgenommenen Änderungen im Unklaren bleiben. Entsprechend ist zu verfahren, wenn es sich um das Verhältnis eines Übersetzers oder Umarbeiters zu einem fremden Werke, eines Dichters zu seiner Quelle handelt. Auch hier muss der Versuch gemacht werden, die einzelnen Abweichungen unter einander zu vergleichen und unter allgemeine Gesichtspunkte zu bringen. Das vergleichende Charakterisieren findet ferner seine Anwendung auf die verschiedenen Werke des gleichen Dichters, um sowohl die durchgehenden Züge seines Wesens festzustellen, als die Eigenheiten der verschiedenen Stufen seiner Entwickelung. Weiterhin vergleicht man dann, immer nach der nämlichen Methode, die gleichzeitigen und die sich zeitlich zunächst stehenden Werke verschiedener Dichter, um festzustellen, was ist allen Dichtern der gleichen Zeit, oder wenigstens den Dichtern in einer bestimmten Gattung oder einer gewissen Gruppe gemein? was ist nur ihm besonders eigen? was erscheint bei ihm zuerst? was ist von dem, was er Neues geschaffen hat, auf andere und auf welche andere übergegangen? etc. Die Charakteristik des Einzelwerks und der einzelnen Persönlichkeit erweitert sich so zur vergleichenden Charakteristik kleinerer und grösserer Gruppen von Erscheinungen und wird eben dadurch zur Literaturgeschichte.

§ 36. Es dürfte schwer halten und würde viel Raum in Anspruch nehmen, wollten wir alles das, worauf bei der literargeschichtlichen Charakteristik zu achten ist, erschöpfend und im Détail zusammenstellen. Wir begnügen uns mit einigen Andeutungen.

Für das einzelne Werk wie für einen Autor, für eine Gattung, für eine ganze Epoche der Literatur ist es charakteristisch, welche Rolle bei der Produktion die in § 34 unterschiedenen Elemente spielen, ob also mehr aus literarischer Tradition oder mehr unmittelbar aus Natur und Leben geschöpft wird, ob die Selbständigkeit in der Gestaltung des Stoffes eine grössere oder geringere ist. Hierher würde also auch der Gegensatz zwischen realistischer und idealistischer Kunst gehören. Die Rolle, welche die Tradition spielt, ist im allgemeinen viel bedeutender, als es demjenigen erscheint, der nicht an literargeschichtliche Betrachtung gewöhnt ist. Es ist verfehlt, in der Literatur ohne weiteres eine getreue Wiederspiegelung des Lebens der Zeit zu sehen. Es kann sich sogar ein klaffender Riss zwischen Literatur und Leben herausbilden, wie dies z. B. in der deutschen Kunstliteratur des 17. Jahrh. geschehen ist, während in der Literaturbewegung des 18. Jahrh., zumal der zweiten Hälfte, das Streben die gelockerte Verbindung wiederherzustellen einer der charakteristischsten Faktoren ist. Überall wirksam ist die Tradition der nächsten Vergangenheit. Dieselbe kann in kontinuierlichem Zusammenhange mit einer weit zurück liegenden Epoche stehen. Es kann dann die im Laufe der Zeit erfolgte Umbildung mit der Entwickelung der sonstigen Kulturverhältnisse gleichen Schritt gehalten haben, sie kann aber auch hinter derselben zurückgeblieben sein, so dass die Eigenheiten einer älteren Epoche in Resten geblieben sind, ohne dass darum mit dieser noch eine unmittelbare Verbindung zu bestehen braucht. Es können aber auch Werke aus einer solchen weit abstehenden Epoche, durch besonderes Ansehen, namentlich durch religiöse Ehrfurcht geschützt, sich ungewöhnlich lange lebendig erhalten und immer von neuem direkt einwirken. Dazu kommt nun das Hinausschreiten über die Grenzen der herrschenden Tradition durch die Einwirkung einer fremden Literatur, sei es der Gegenwart oder der Vergangenheit, oder auch der eigenen bereits vergessenen Literatur der Vergangenheit. Solche Einwirkungen können so stark sein, dass sie geradezu literarische Revolutionen herbeiführen. Sie können, nachdem sie einmal eingetreten sind, teils indirekt durch Vermittelung des Gewirkten weiterwirken, teils direkt sich immer von neuem wiederholen. Dergleichen Einflüsse können sich auch auf den übrigen Kulturgebieten geltend machen, und wenn sie sich überall in der gleichen Richtung bewegen und mit entsprechender Stärke auftreten, so können dadurch Diskrepanzen zwischen Literatur und Leben vermieden, wieder ausgeglichen oder wenigstens gemildert werden. Es geschieht aber auch leicht, dass Einflüsse einer fremden Kultur einseitig auf dem literarischen Gebiete dominieren, wodurch dasselbe bis zu einem gewissen Grade isoliert wird.

Die Wahl des Stoffes ist charakteristisch. Die Literatur ist keine durchweg getreue Wiederspiegelung des wirklichen Lebens, aber noch weniger eine allseitige. Das Stoffgebiet der Poesie war ursprünglich ein sehr beschränktes. Sie diente zu allererst wohl nur den Zwecken des Kultus. Die allmähliche Ausdehnung ihres Gebietes zu verfolgen und für jede Epoche den Kreis zu umschreiben, innerhalb dessen sie sich bewegt, ist eine der wichtigsten Aufgaben. Es ist ferner zu untersuchen, welcherlei Stoffe innerhalb dieses Kreises vorherrschen. Von dem einzelnen Dichter muss festgestellt werden, welche unter den ihm durch die Tradition seiner Zeit nahe gelegten Stoffen er bevorzugt oder ausschliesslich behandelt, und namentlich, was er etwa seinerseits dazu beigetragen hat, das Gebiet der Dichtung zu erweitern, wobei er entweder der Anregung einer fremden Literatur gefolgt oder ganz selbständig verfahren sein kann.

Jede Epoche begnügt sich in der Regel mit einer beschränkten Zahl eigentümlich ausgebildeter Charaktertypen, die allerdings variiert, aber doch in ihren Grundzügen wiederholt werden. Solche Typen vererben sich von einer Generation auf die andere und wandern oft durch viele Nationalliteraturen, wie sich dies namentlich in der Komödie zeigt. Diese Typen müssen nach ihren konstanten Zügen erfasst, ihre allmähliche Umbildung, ihr Untergang und das Aufkommen ganz neuer Typen verfolgt werden. Ganz dasselbe gilt von gewissen Motiven und Situationen, Konflikten und Lösungen, Stimmungen und Empfindungsweisen, ethischen Idealen etc.

Starken Veränderungen unterliegt die Kompositionsweise, doch aber haben gewisse Grundschemata ein äusserst zähes Leben. Es gibt manche Schemata, die in verschiedenen Gattungen zur Anwendung kommen können, manche, die auf eine Gattung beschränkt sind und eben für diese oder eine bestimmte Entwickelungsstufe derselben charakteristisch sind. Auf diesem Gebiete kommt es namentlich darauf an, die Praxis einer Zeit mit der Theorie, wo solche vorhanden ist, zusammenzuhalten. Zur Illustration dafür, welche weiten Zusammenhänge es hier zu verfolgen gilt, verweise ich auf ein Beispiel. Ein wesentlicher Punkt in der Komposition der Ilias ist es, dass die Götter unmittelbar in die Geschicke der Menschen eingreifen, und zwar wie diese in zwei Parteien geteilt, gegen einander wirkend. Was sich hier aus der naiven Anschauung des Volkes heraus von selbst ergeben hatte, das wurde in der Folge als ein notwendiger Bestandteil der epischen Komposition aufgefasst. Es wurde nachgeahmt von den späteren griechischen Epikern, von Virgil und seit der Renaissance von den neueren Dichtern. Tasso bildete diese Kompositionsweise unter Benutzung der mittelalterlichen Tradition christlich um, indem Gott und seinen Engeln der Teufel mit seinem Gefolge entgegengestellt wurde; an ihn konnte sich dann Milton und an diesen Klopstock anschliessen. Andere moderne Epiker ersetzten die Götter durch allegorische Figuren. Noch W. Jordan war so befangen durch das Homerische Vorbild, dass er, um die germanische Heldensage zu einem Epos zu gestalten, es nötig fand, sie mit einem solchen ihr fremdartigen Elemente zu durchsetzen.

Die Betrachtung der Sprache gehört in die Literaturgeschichte zunächst insofern, als durch ihre Beschaffenheit auch die Beschaffenheit der in ihr verfassten Werke bedingt ist. Dieses Abhängigkeitsverhältnis tritt besonders zu Tage bei dem Versuch der Übertragung in andere Sprachen. Überhaupt wird man sich über die besonderen Vorzüge und Mängel einer Sprache oder einer Stufe in der Entwickelung derselben nur klar durch die Vergleichung mit anderen. Auch die Entwickelung der Sprache gehört zum Teil in die Literaturgeschichte, nämlich soweit sie nicht die ohne Bewusstsein sich ergebende Folge des täglichen Verkehres ist, sondern das Resultat kunstmässiger Bearbeitung. Es gibt nicht leicht ein Erzeugnis der Poesie oder Literatur, in welchem die Sprache schlechthin mit derjenigen übereinstimmt, die der Verfasser im gewöhnlichen Verkehr, wenn er sich gehen lässt, anwendet. Zunächst macht sich der Unterschied in der Auswahl der Wörter und Wendungen geltend und in der Ausbildung verwickelterer und feiner gegliederter Perioden. Wie dann durch die Macht der Tradition sich in der Poesie überhaupt ältere Kulturelemente bewahren, die sonst aus dem Leben geschwunden sind, so erhält sich auch in der Sprache der Poesie manches, was die Umgangssprache schon ausgestossen hat. So tritt uns bei den germanischen Stämmen schon in den ältesten Denkmälern eine ausgebildete poetische Sprache entgegen mit besonderem, vom prosaischen sich deutlich abhebendem Wort- und Formelschatz, teilweise auch mit Eigenheiten in den Laut- und Flexionsverhältnissen. Der einzelne Dichter steht nun mindestens zwischen zwei Einflüssen, deren Kräfteverhältnis nicht immer das gleiche zu sein braucht, dem der Mundart, in der er aufgewachsen ist, und dem der traditionellen Dichtersprache. Daraus ergibt sich eine Modifikation der letzteren, die nun auch weiter überliefert wird, u. s. f. Dazu kommt nun die Wechselwirkung der verschiedenen Mundarten. Auch wo der Dichter, wie es zunächst allgemein der Fall ist, auf dem Grunde seiner heimischen Mundart stehen bleibt, ist Beeinflussung durch solche Erzeugnisse, die in einer anderen verfasst sind, nicht ganz ausgeschlossen. Die Erhebung einer Mundart über die andern durch Bevorzugung in der Verwendung und die daraus entspringende Herausbildung einer Gemeinsprache ist eine Thatsache, die ebensosehr der Literaturgeschichte wie der Sprachgeschichte angehört. Während der Übergangszeit ist die Stellung der ein-

zelnen Schriftsteller eine besonders verschiedenartige und erheischt eine
eingehende Charakteristik. In Deutschland wird man gut thun, zu dieser
Übergangszeit noch das 18. Jahrh. zu rechnen, welches dem Beobachter
nach dieser Richtung noch eine Fülle interessanten Stoffes bietet. Ganz ab-
geschlossen ist ja die Bewegung zur Gemeinsprache hin auch jetzt noch
nicht. Ein gewisses Mass von Freiheit in der Gestaltung ihrer Sprache, wenn
auch nicht immer das gleiche, haben die Dichter und Schriftsteller zu allen
Zeiten gehabt und haben davon teils bewusst, teils unbewusst in einer für
sie charakteristischen Weise Gebrauch gemacht. Zu der vermittelnden
Stellungnahme zwischen heimischer Mundart, Gemeinsprache und traditio-
neller Dichtersprache kann eventuell noch die absichtliche Verwendung von
Elementen aus anderen Mundarten treten, ferner das Zurückgreifen auf eine
schon verschollene Tradition, die Nachahmung fremdsprachlicher Ausdrucksformen und endlich eigene Neuschöpfung.

Von der Behandlung der Sprache als solcher lässt sich das eigentlich
Stilistische nicht scharf sondern. Wir haben aus dem Altertum ein System
der Stilistik überkommen, über welches man in neuerer Zeit nicht viel hinaus-
gekommen ist, wiewohl dasselbe einer Vervollständigung und feineren Durch-
bildung noch sehr bedürftig ist. Es ist dazu erforderlich, dass man ohne
Rücksicht auf praktische Zwecke, wie sie die ältere Stilistik verfolgt, das
wirklich Vorkommende von allen Seiten her sammelt und zweckmässig grup-
piert. Dazu hat also die literargeschichtliche Forschung das Material zu
liefern. Sie wird dann umgekehrt aus der Verbesserung der Systematik
Vorteil für sich ziehen. Sie wird dadurch in der richtigen Beurteilung des
Einzelnen gefördert und namentlich in den Stand gesetzt werden, bequemer
und leichter zu charakterisieren. Bei dem dermaligen Stande der Systematik
würde man, solange man sich auf die herkömmlichen stilistischen Kategorieen
beschränkt, nicht weit kommen. Zu einer historischen Darstellung des Stils
gehört natürlich wieder, dass man den Einzelnen nicht losgelöst von seiner
Umgebung, von seinen nächsten Vorgängern und Nachfolgern betrachtet.
Man muss mit Hülfe der Vergleichung die stilistischen Eigenheiten ganzer
Epochen, Gattungen und Schulen feststellen und dann jedem Autor seine
Stellung darin anweisen.

Der Versbau ist wohl dasjenige, worin der Einzelne am meisten von der
Tradition abhängig ist. In dieser Beziehung sind in der Regel gar keine An-
sprüche auf Selbständigkeit an die Dichter gestellt. Eine Ausnahme macht allerdings die Lyrik der Minne- und Meistersänger. Auch die Schöpfung neuer Formen
pflegt in der Regel nur eine Umbildung von etwas schon Vorhandenem zu sein,
von dem man sich nicht gleich sehr weit entfernt. Gewaltsame Sprünge in der
Entwickelung finden wir immer nur unter dem Einflusse einer fremden Literatur.

Sprache, Stil und Versbau stehen in engem Zusammenhang. Die Art, wie
sie sich gegenseitig bedingen, muss untersucht werden. Durch die natürlichen Betonungs- und Quantitätsverhältnisse und durch manche andere Eigen-
schaft einer Sprache ist die Möglichkeit der metrischen Gestaltung in bestimmte Grenzen eingeschlossen, die Angemessenheit und die Bequemlichkeit
verlangt noch engere. So ist beispielsweise die Herrschaft der Alliteration
in der altgermanischen Poesie erst möglich geworden durch die Zurück-
ziehung des Accents auf die erste Silbe. Ein Versbau, der auf nationaler
Grundlage erwachsen ist, wird auch den Eigenheiten der Sprache wohl angepasst sein. Nur können allerdings diese Eigenheiten sich ändern, ohne
dass rechtzeitig eine entsprechende Umbildung der metrischen Prinzipien
eintritt. Die Nachahmung fremder Versgebilde verträgt sich häufig schlecht
mit der Natur der eigenen Sprache. Das Ringen mit den daraus sich er-

gebenden Schwierigkeiten und die Modifikationen, die das Fremde dabei erfährt, bilden einen interessanten Stoff für die geschichtliche Betrachtung. Umgekehrt hat der Versbau einen grossen Einfluss auf die Ausbildung der poetischen Sprache. Die Wahl der Wörter und Formen bestimmt sich nach der Bequemlichkeit, mit der sich dieselben in den Vers einfügen. Doppelformen sind sehr erwünscht, um nach den Bedürfnissen des Metrums damit wechseln zu können, und daher behaupten sich solche oft in der poetischen Sprache, wo die prosaische die eine ausgestossen hat. Das gleiche gilt von synonymen Bezeichnungen desselben Begriffs. Besonders gute Dienste leisten solche zur Erleichterung der Alliteration. Daher zum teil der Reichtum der altgermanischen epischen Sprache an Ausdrücken für Mann, Frau, Kind, Ross, Schiff, Kampf etc. Vollends gestaltet sich der traditionelle Formelschatz nach der Verstechnik, wie sich dies am besten an der grossen Menge von usuell gewordenen alliterierenden Verbindungen im alten Epos zeigt.

§ 37. In der Reaktion gegen die ältere bloss ästhetisierende Betrachtung der Literatur ist man wohl bisweilen soweit gegangen, dass man die **ästhetische Beurteilung** hat ganz von der Literaturgeschichte ausschliessen wollen. Wenn es aber Aufgabe der Geschichte ist, die treibenden Kräfte zu untersuchen, die bei der Entstehung und bei der Wirkung der literarischen Erzeugnisse thätig gewesen sind, so kann natürlich derjenige Faktor nicht ausgeschlossen werden, der dabei zwar nicht der einzige, aber doch mindestens einer der allerwichtigsten ist. Freilich kann die Wertabschätzung einer Dichtung nach dem subjektiven Wohlgefallen oder Missfallen, das der Kritiker dabei empfindet, oder nach einem angenommenen Regelkodex oder gar nach einem metaphysischen System in keiner Weise genügen. Auch das ästhetische Moment muss der historischen Betrachtungsweise unterworfen werden. Aufgabe des Geschichtsforschers ist es zunächst nicht, Werturteile zu fällen, die den Anspruch auf Allgemeingültigkeit machen, sondern, wie schon eben angedeutet ist, die ästhetischen Triebe in Dichter und Publikum zu verfolgen, wodurch ein Werk entstanden ist und gewirkt hat. Die Ästhetik, welche wir dazu bedürfen, ist etwas noch sehr im Werden Begriffenes, zu dessen Ausbildung die Literaturgeschichte wesentliche Beiträge liefern muss. Es ist eine Erfahrungswissenschaft, die nicht Forderungen stellt, sondern die in ihr Gebiet fallenden Thatsachen unbefangen beobachtet, sammelt und durch Vergleichung und Analyse auf die letzten erreichbaren Grundlagen zurückführt. Sie ist ein Teil der Psychologie. Es gibt keine objektive, sondern nur eine subjektive Ästhetik. Ihr unmittelbarer Gegenstand sind innere Zustände, die Aussendinge werden nur betrachtet als Mittel zur Erregung dieser Zustände. Die ästhetische Wirkung eines Kunstwerkes ist nicht bloss von seiner eigenen Beschaffenheit abhängig, sondern zugleich von der des aufnehmenden Subjektes, und ohne dass wir diese in Rechnung ziehen, gelangen wir überhaupt nicht zum Erfassen und Verstehen der ästhetischen Thatsachen. Es kommt dabei sehr vieles in der Organisation des Individuums in Betracht, was an und für sich nicht ästhetischer Natur ist, wodurch aber die ästhetischen Gefühle mitbedingt werden. Wie die ganze geistige Natur des Menschen, so ist demnach auch die davon abhängige ästhetische Wirkung historisch bedingt. Wir dürfen daher nicht einseitig von dem Eindrucke ausgehen, den etwas gerade auf uns macht, sondern wir müssen, soweit dazu Mittel vorhanden sind, den Eindruck auf die verschiedenartigsten Individuen studieren. Für den Literarhistoriker kommt es vor allem darauf an, eine Vorstellung von dem Eindruck der dichterischen Erzeugnisse auf die Zeitgenossen zu gewinnen, und somit von dem Verhältnis der ästhetischen Produktion zu den ästhetischen Bedürfnissen der Zeit. Welchen Beifall ein Werk gefunden hat, ersieht man aus der Verbreitung desselben in Handschriften und Drucken, aus etwaigen Angaben über die Höhe des Absatzes, aus der Häufigkeit, mit der es etwa erwähnt wird, aus öffentlichen Besprechungen, bei denen freilich der Einfluss der Theorie und die Parteiverhältnisse in Anschlag gebracht werden müssen, reiner öfters aus gelegentlichen Urteilen und Herzensergiessungen, die zufällig auf uns gekommen sind, aus den Nachahmungen, die es gefunden hat, aus den Reminiscenzen, die ihm entnommen sind. Aus diesen Quellen ergibt sich mitunter nur die nackte Thatsache des stärkeren oder schwächeren Gefallens oder Missfallens, häufig aber auch eine Begründung dafür, eine genauere Schilderung des hervorgerufenen Eindrucks. Damit müssen wir vergleichen, was sich über die Absichten, die ästhetischen Anschauungen und Triebe des Verfassers selbst ermitteln lässt. Schliesslich müssen wir versuchen, das Gefundene soweit wie möglich psychologisch zu analysieren und auf seine Ursachen zurückzuführen. Dasselbe muss dabei mit unseren eigenen ästhetischen Empfindungen vermittelt werden, was wieder um so besser gelingen wird, je feiner und vielseitiger unsere Empfänglichkeit schon ist. Es gehört aber anderseits auch wieder dazu, dass man im stande ist, von seinem Reichtum abzusehen, sich in ein beschränkteres Dasein zu versetzen, sich auf den Standpunkt einer roheren oder noch nicht durch Mannigfaltigkeit und Grossartigkeit der ästhetischen Eindrücke verwöhnten und abgestumpften Empfindung zu stellen. Es gehört ferner dazu, dass man sich von den besonderen Gewöhnungen seines Kulturzustandes loszumachen versteht, indem man das Zufällige und Temporäre darin erkennt, und dass man sich anderseits diejenigen Elemente in dem fremden Kulturzustand zu eigen macht, die einen abweichenden ästhetischen Eindruck zur Folge haben müssen. Durch methodische Vergleichung der ästhetischen Urteile sowohl wie der ästhetischen Produktionen muss man versuchen, nicht bloss die individuellen Besonderheiten, sondern das für ganze Gruppen oder Epochen charakteristische Gemeinsame herauszufinden und so eine Geschichte des Geschmackes zu konstruiren.

Wenn wir so einen durchgängig empirischen Standpunkt für die ästhetische Betrachtung verlangen, so soll damit nicht gesagt sein, dass der Literarhistoriker sich aller Werturteile enthalten müsse. Nur müssen auch diese Werturteile nicht auf der eigenen Subjektivität, sondern auf einer breiten empirischen Basis ruhen, und sie müssen gleichfalls unter den historischen Gesichtspunkt gebracht werden. Es muss die ästhetische Wirkung, die ein Werk auszuüben im stande ist, mit derjenigen der vorausgegangenen Werke verglichen werden, um festzustellen, ob damit nach irgend welcher Seite hin ein Fortschritt erreicht ist, eine Bereicherung oder Verstärkung oder Verfeinerung, ob etwa neue Gefühlstöne dadurch erweckt, ob neue bisher nicht angewendete Mittel gefunden oder die alten glücklicher kombiniert sind. Ebenso ist jeder Rückschritt festzustellen, soweit er auf das Ganze von Einfluss ist.

§ 38. Zu einer Geschichte der Literatur gehört es selbstverständlich, dass man die Antriebe zur Produktion aufzudecken sucht. Wir können hier zunächst scheiden zwischen rein innerlichen, persönlichen Bedürfnissen und dem Streben nach Wirksamkeit auf ein Publikum. In ersterer Hinsicht wird wieder zweierlei auseinander zu halten sein: auf der einen Seite der Trieb zum Aussprechen dessen, wovon man innerlich stark bewegt wird, was eine Erleichterung zur Folge hat ähnlich wie eine Reflexbewegung, wie überhaupt jedes Ausbrechen der Empfindung in Worte; auf der anderen der eigentlich künstlerische Gestaltungstrieb, der sich schon dadurch von jenem anderen Triebe abhebt, dass er sich auch auf Gegenstände erstreckt, welche in dem Dichter keine Leidenschaft erregen. So stark aber auch diese innerlichen Bedürfnisse sein mögen, so führen sie doch selten zu abgeschlossenen Werken, wenn sich damit nicht die Absicht zur Mitteilung verbindet. Es braucht aber nicht immer das allgemeine Publikum zu sein, an das man sich wendet, es kann ein kleiner Kreis sein, den man ausschliesslich oder vorzugsweise im Auge hat, auch ein einzelner, etwa ein Gönner, ein Freund, eine Geliebte. Das letztere ist z. B. der Fall bei der poetischen Epistel, so lange sie noch wirklich Epistel ist, bei Widmungsgedichten, Stammbuchversen u. dergl., aber auch sonst vielfach. So richten sich z. B. viele Lieder der Minnesinger zunächst an die Dame, der der Ritter seinen Dienst gewidmet hat. Auch an übernatürliche Wesen kann sich die Dichtung wenden, und wenn sie aus naivem Glauben entsprungen ist, kann dabei jeder Gedanke an ein sonstiges Publikum fern liegen. Sehr leicht aber verbindet sich doch mit der Adressierung an den einzelnen oder einen engen Kreis von vornherein der Gedanke an ein weiteres Publikum, und diese Adressierung kann zur blossen Einkleidung werden. Einen wesentlichen Unterschied macht es nun weiter, ob der Autor den Bedürfnissen und Neigungen des Publikums dienen oder ob er dasselbe nach einer bestimmten Richtung hin beeinflussen will. Zu dem ersteren kann ihn die uneigennützige Absicht antreiben, seinem Publikum einen Genuss zu verschaffen, was namentlich dann vorkommen wird, wenn dasselbe aus einem engeren Freundeskreise besteht. In stärkerem Masse aber wirken egoistische Antriebe, das Streben Gunst und Ehre und vor allem auch materiellen Lohn zu gewinnen. Beeinflussung des Publikums kann nach sehr verschiedenen Seiten hin angestrebt werden. Kaum noch hierher zu rechnen ist es, wenn es dem Autor nur darum zu thun ist, Teilnahme für seine Leiden und Freuden zu finden, wenn es sich für ihn um eine Herzenserleichterung handelt, die nicht nur ausgesprochen, sondern auch vernommen sein will. Er kann weiterhin eine ästhetische Wirkung anstreben, die seinen eigenen Grundsätzen gemäss ist, unbekümmert um die Geschmacksrichtung derer, an die er sich wendet; er kann moralische Besserung, religiöse Erbauung, Belehrung der mannigfachsten Art zu seiner Absicht nehmen; er kann versuchen, Propaganda für eine Partei zu machen, zu bestimmten Handlungen zu bewegen, günstige oder ungünstige Stimmung für eine Person zu erwecken etc. Nicht bloss vom Publikum kann ein Autor abhängig sein, sondern auch von einem Auftraggeber, der übrigens dann zugleich auch Publikum sein kann. So bei bestellter Gelegenheitsdichtung. Hierher gehört auch meistens die politische Dichtung des Mittelalters, die das Interesse eines Herren oder Gönners vertritt, sowie ein grosser Teil unserer heutigen Tagespresse. Natürlich können die hier aufgezählten Antriebe in sehr mannigfachen Kombinationen auftreten.

§ 39. Wieweit ein Autor sich durch sein Publikum und eventuell durch Auftraggeber bestimmen lässt, das hängt natürlich sehr von seiner ganzen Lebensstellung ab. Vor allem kommt es darauf an, ob er in der Lage ist, mit seinen Werken etwas verdienen zu können, und ob er darauf angewiesen ist, dies zu müssen. Mit diesen Umständen in engem Zusammenhange steht der Gegensatz zwischen Berufsdichter und Dilettanten, d. h. Dilettanten im eigentlichen Sinne des Wortes ohne Beimischung von etwas Herabsetzendem. Die Beispiele von Dichtern, denen es ihre Vermögensverhältnisse gestatteten, die Poesie zum Lebensberuf zu machen, ohne dass sie irgend welchen Lohn dafür beanspruchten, sind selten, zumal da dies bis zu den neuesten Zeiten in vornehmeren Kreisen nicht als ein schicklicher Beruf gegolten hat. Eine ausschliessliche Hingabe an poetische und sonstige literarische Produktion ist daher in der Regel an die Voraussetzung geknüpft, dass dadurch die nötigen Subsistenzmittel gewährt werden. Andernfalls muss ein sonstiger Beruf dieselben liefern. Die Möglichkeit poetische und schriftstellerische Produktion zur Erwerbsquelle zu machen ist ganz wesentlich bedingt durch die Art, wie diese Produktion dem Publikum mitgeteilt wird. Der Übergang von mündlicher zu schriftlicher Mitteilung hat auf die Art wie sich der Gewinn des Autors und danach seine ganze Lebensstellung gestaltete einen tiefgreifenden Einfluss gehabt. Man darf dabei nicht ausser Acht lassen, dass auch nach dem Beginne schriftlicher Aufzeichnung mündliche Mitteilung noch lange das Vorherrschende blieb. Immer gab es noch eine Menge von Erzeugnissen, die überhaupt nie niedergeschrieben wurden. Aber auch diejenigen Werke des Mittelalters, die schriftlich auf uns gekommen sind, konnten zu ihrer Zeit nur durch mündlichen Vortrag in weitere Kreise des Volkes dringen. Denn die Kenntnis des Lesens war zu wenig verbreitet und die Handschriften zu teuer, als dass sie sich viele hätten beschaffen können. Ausserdem hat die Musik, solange und soweit sie mit der Poesie in untrennbarer Verbindung geblieben ist, immer schützend für die mündliche Überlieferung gewirkt, wie sie dies in beschränktem Masse noch heute thut. Noch stärker und dauernder ist der Schutz gewesen, den der mündliche Vortrag durch die Verbindung mit mimischer und scenischer Aufführung erhalten hat. Ein Mittelding zwischen mündlicher und schriftlicher Mitteilung ist das Vorlesen, welches im Mittelalter bei grösseren, nicht in Musik gesetzten Werken das gewöhnlichste Mittel der Verbreitung gewesen ist.

Es gibt nun eine zweifache Art, wie sich der Autor eine Belohnung von Seiten des Publikums sichern kann. Entweder muss er dieselbe direkt in Empfang nehmen, oder es muss ihm gelingen Mittelspersonen zu finden, die ihm etwas dafür zahlen, dass sie durch ihn in den Stand gesetzt werden, sich ihrerseits für die Mitteilung seines Werkes bezahlt zu machen. Das letztere ist das kompliziertere und bedarf immer schon einer gewissen Organisation, die sich erst allmählich entwickeln muss. Das erstere ist in den Zeiten der mündlichen Überlieferung das Naturgemässe. Der Dichter ist selbst Vortrager, Sänger seiner Werke und wandert als solcher, wenn er dessen nicht durch einen Herren oder Gönner enthoben ist, um die Stätten aufzusuchen, wo ein Publikum beisammen ist, das ihn anhören mag und ihn dafür beschenkt. Der Lohn, den er empfängt, gilt nicht eigentlich seinem Dichten, sondern dem Vortrag. Undenkbar ist es allerdings nicht, dass er sich auch wohl von einem andern Sänger etwas dafür ausbedingen konnte, dass er ihn seine Lieder lehrte. Es führt aber, soviel mir bekannt, keine Spur darauf, dass dies in den germanischen Ländern vorgekommen sei. Im allgemeinen wird derjenige, der fremdes Eigentum vortrug, auch allein den Lohn davon getragen haben. Die ökonomischen Verhältnisse haben demnach wesentlich dazu beigetragen, die Einheit von Dichter und Sänger aufrecht zu erhalten und vielleicht auch die Aufzeichnung zu verhindern, wo sie an sich schon möglich gewesen wäre. Je mehr die Aufzeichnung überhand nimmt, wozu namentlich auch die Ersetzung des Pergaments durch das billigere Papier beigetragen hat, je mehr im Zusammenhange damit die Kunst des Lesens und Schreibens sich ausbreitet, um so mehr wird der Stand der Vortragenden geschädigt und herabgedrückt und zuletzt fast ganz entbehrlich. Damit wird aber auch die bisherige wirtschaftliche Grundlage für einen berufsmässigen Dichterstand vernichtet. Denn sobald der Dichter eine Handschrift seines Werkes aus der Hand gegeben hat, ist er nicht mehr in der Lage, eine beliebige

Vervielfältigung zu verhindern. Durch die Einführung des Druckes wird wieder eine bessere Grundlage geschaffen, indem nun mit einem Male eine grössere Anzahl verkäuflicher Exemplare hergestellt wird, die von einem andern in gewinnbringender Weise nur vervielfältigt werden können, wenn er das Risiko übernimmt, ebenfalls gleich eine entsprechende Anzahl herzustellen. Indessen bleiben doch die Umstände für den Autorgewinn, zumal in Deutschland noch lange sehr ungünstig, vor allem deswegen, weil gerade bei denjenigen Werken, die einen guten Absatz versprechen, das erwähnte Risiko nicht gescheut wird und ein wirksamer Rechtsschutz gegen den Nachdruck fehlt, der erst in neuester Zeit gewährt ist. Auch auf dieser neuen Unterlage kann der Autor versuchen, sich direkt vom Publikum bezahlen zu lassen. Um dies ganz direkt zu thun müsste er aber nicht bloss Verleger, sondern auch Kolporteur seiner Werke sein, wozu sich nur eine sehr niedrige Klasse von Schriftstellern herbeigelassen hat. Am nächsten kommt diesem Verfahren Selbstverlag mit Sammlung von Subskribenten, wie er seit dem vorigen Jahrhundert wiederholt, meist mit wenig Glück versucht ist. Indirekter ist Selbstverlag mit Vertreibung durch Zwischenhändler. Diese Art ist gerade im Anfang nicht so selten, indem sich das Gewerbe des Druckers und Verlegers mit dem des Schriftstellers verbindet. Die späteren Versuche sind, wenn man von einem eigentlichen Buchhändler wie Nicolai absieht, meist kläglich gescheitert. Endlich kann der Schriftsteller sein Werk von vornherein einem Buchhändler oder Drucker in Verlag geben. Die Zahlung eines Honorars hierfür ist erst allmählich üblich geworden, und dasselbe ist in Deutschland noch im 18. Jahrh. fast durchweg sehr niedrig gewesen in Folge der Spärlichkeit des Absatzes, der unvollkommenen Ausbildung des Vertriebes und vor allem wieder der Schutzlosigkeit des literarischen Eigentums. Von Belang war auch nach dieser Richtung hin das Aufkommen der periodischen Veröffentlichungen. Bei diesen liess sich eine genauere Berechnung des Absatzes machen, und sie waren gegen den Nachdruck besser geschützt, weil das Interesse an ihrem Inhalt wenigstens zum Teil ein temporäres war. Für sie konnte daher auch zuerst ein besseres und regelmässigeres Honorar gezahlt werden, allerdings vorzugsweise nur für die Redaktion, also wiederum mehr für geschäftliche Vermittelung als für Produktion. Aber erst in unserem Jahrh. hat es der gesetzliche Schutz in Verbindung mit dem erhöhten Lesebedürfnis und der grösseren Leichtigkeit des Vertriebes zu wege gebracht, dass die Honorare wenigstens für einen grossen Teil der literarischen Produktion auf eine angemessene, mitunter bedeutende Höhe gestiegen sind. So ist ein berufsmässiger Literatenstand in ausgedehnterem Masse erst in der neuesten Zeit möglich geworden, vorzüglich in Verbindung mit dem Journalwesen, während er im 18. Jahrh. noch mit grossen Schwierigkeiten zu kämpfen hatte und in der vorangehenden Zeit nur ganz schwach vertreten war, so dass zwischen diesem Stande und den alten Sängern und Spielleuten, die in der Zeit der mündlichen Überlieferung eine entsprechende Rolle spielten, eine Zeit liegt, in welcher die Literatur ganz überwiegend in den Händen von Geistlichen und Beamten war.

Eigenartig gestalteten sich die Verhältnisse für den dramatischen Dichter, soweit derselbe für die Aufführung arbeitete. Er bedurfte dazu, wenn er auch selbst mitwirkte, immer der Teilnahme anderer. Direkt vom Publikum einen Lohn für seine Dichtung zu beziehen war er nur im stande, wenn er zugleich Unternehmer war, der die sonstigen Spieler bezahlte. So finden wir denn auch nicht selten, nachdem sich überhaupt ein Schauspielerstand herausgebildet hat, was erst die Folge einer langen Entwickelung ist, dass der Prinzipal selber die Stücke verfertigt oder wenigstens aus einer fremden Sprache übersetzt und für seine Bühne und sein Personal, sowie für den Geschmack des Publikums zurecht macht. Schon weniger einfach ist z. B. das Verhältnis Shakespeares zu seiner Truppe, da er zwar bei dieser als Unternehmer beteiligt gewesen ist, doch aber, weil er nicht der einzige war, von den übrigen eine besondere Entschädigung erhalten haben muss. Wenn der Dichter ausserhalb der Schauspielerkreise stand, musste er sich sein Stück geradezu von einer Truppe abkaufen lassen. Diese verschiedenen Verhältnisse setzen alle voraus, dass man sich bemühte, die sonstige Verbreitung und namentlich den Druck des Stückes zu verhindern, da sonst das Eigentum der Truppe an dasselbe verloren ging. Daher zum guten Teile die Scheidewand, die lange zwischen dem Bühnendrama und der eigentlichen Literatur bestanden hat. Erst in neuerer Zeit hat es die Gesetzgebung dem Dichter möglich gemacht, trotz des Druckes sein Eigentumsrecht den Bühnen gegenüber zu wahren, wodurch er in den Stand gesetzt wird, sich unter Umständen glänzend bezahlt zu machen.

Während die Verhältnisse zwischen den Autoren und dem grossen Publikum einem so mannigfachen Wechsel ausgesetzt sind, ist es natürlich zu allen Zeiten und unabhängig von der Art, wie ihre Werke verbreitet sind, möglich gewesen, dass einige unter ihnen durch die Unterstützung vornehmer Gönner, die nicht selten auch Auftraggeber waren, ihren Lohn erhalten haben, was durch sehr mannigfache Beziehungen veranlasst sein und wieder sehr mannigfache Beziehungen zur Folge haben kann.

Die hier besprochenen Verhältnisse zu beachten und genauer im einzelnen festzustellen darf der Literarhistoriker nicht versäumen. Denn sie sind von tiefgreifendem Einfluss auf die Produktion der verschiedenen Individuen und Epochen. So wird z. B. der Autor, der in seiner Existenz vom Publikum abhängig ist, auch den Bedürfnissen und Wünschen desselben entgegenkommen, er wird sich leicht auch dem schlechten Geschmack und der niedrigen Denkungsweise desselben anbequemen und selbst seinen schlimmen Leidenschaften schmeicheln, er wird aber anderseits nie die Fühlung mit dem wirklichen Leben der Gegenwart verlieren. Dagegen kann derjenige, welcher sich in gesicherter Lebensstellung befindet, weit eher sich sittlich und ästhetisch über sein Publikum erheben, ist aber auch viel mehr der Gefahr ausgesetzt, sich der Wirklichkeit zu entfremden durch Hingabe an fernliegende Muster, durch Gelehrsamkeit oder durch Ausbildung eigener absonderlicher Ideale. In den Händen eines auf schriftstellerischen Erwerb angewiesenen Standes hätte sich z. B. die deutsche Literatur im 17. Jahrh. nie so weit vom nationalen Boden entfernen können. Lessing wäre nicht Lessing geworden, hätte er nicht eine lange Zeit seines Lebens von der Feder leben müssen. Umgekehrt hängt Klopstocks Entwickelung oder vielmehr das rasche Aufhören einer Entwickelung bei ihm, das frühzeitige Sicheinspinnen in einen bestimmten Ideenkreis aufs engste damit zusammen, dass er frühzeitig durch Gönner in den Stand gesetzt wurde, ohne Amt und doch ohne Rücksicht auf ein Publikum zu leben. Goethes Eigenart hätte sich unmöglich in einem Literatenleben entfalten können.

§ 40. Wir müssen jetzt noch einmal auf die Behandlung von Verfasserfragen zurückkommen, nämlich insoweit dieselben nach inneren Kriterien zu entscheiden sind. Dies ist erforderlich einerseits, wenn gar keine Zeugnisse vorhanden, anderseits, wenn die vorhandenen Zeugnisse anfechtbar sind. Im letzteren Falle müssen natürlich die Resultate aus der Untersuchung der inneren Kriterien und die aus der Kritik der Zeugnisse gegen einander gehalten werden, um das Endergebnis zu gewinnen. Ebenso müssen die sprachlichen und sachlichen Kriterien gegen die literarischen abgewogen werden. Die letzteren basieren auf der vergleichenden Charakteristik. Auf ein möglichst allseitiges und erschöpfendes Erfassen des Charakteristischen muss man zunächst ausgehen. Ob man dadurch zu entschiedenen Resultaten gelangt, das hängt in hohem Grade davon ab, wie ausgeprägt die Individualitäten sind, mit denen man es zu thun hat. In einem grossen Teile der Literatur werden traditionelle Motive in einem traditionellen Formelschatz behandelt, so dass die Persönlichkeit des Einzelnen darin ganz aufgeht oder nur in leisen, schwer herauszufindenden Spuren durchblickt. So kann es jemandem, der auf diesem Gebiete keine Erfahrungen hat, leicht begegnen, dass er meint, Identität des Verfassers verschiedener Werke annehmen zu müssen, auf Grund von Übereinstimmungen, die einer ganzen Gruppe von Verfassern gemein sind. Man darf überhaupt eine Verfasserfrage nicht isoliert behandeln, sondern muss den nächstverwandten Kreis von Erzeugnissen hinzuziehen, um beurteilen zu können, was Gemeingut der Zeit und Gattung, was individuelle Besonderheit ist. Auch sehr individuelle Stilmanieren finden Nachahmer, die sich oft sklavisch an ihr Vorbild anschliessen. Solche Nachahmung wird auch geradezu zum Zwecke der Täuschung vorgenommen, um dann das Machwerk einem Verfasser unterzuschieben. Die entgegengesetzte Schwierigkeit entsteht dadurch, dass ein und der selbe Verfasser verschiedene Stilgattungen gepflegt und sich derartig entwickelt haben kann, dass die Erzeugnisse der verschiedenen Epochen weit von einander abstehen. Es wird dabei einen grossen Unterschied machen, ob eine derartige Mannigfaltigkeit bei ihm bereits festgestellt ist, oder ob alles ihm mit Sicherheit Zuzuweisende ein wesentlich einheitliches Gepräge trägt, wodurch natürlich ein zuversichtlicheres Urteil gestattet wird. In hohem Grade hängt die Sicherheit des Urteils auch von dem Umfang der in Frage gezogenen Stücke ab. Je grösser derselbe ist, um so mehr kann man erwarten, dass die charakteristischen Züge auch zur Erscheinung kommen.

Im einzelnen kann sich die Verfasserfrage sehr verschieden gestalten. Es kann sich darum handeln, ob mehrere als besondere Werke überlieferte Stücke dem gleichen Verfasser zugehören oder nicht. Dabei können sich folgende Resultate ergeben. Entweder wird der Verfasser eines Werkes trotz mangelnder Zeugnisse als identisch mit dem eines anderen oder mehrerer anderer erkannt und damit also eventuell auch sein Name ermittelt. So ist z. B. das sogenannte zweite Büchlein von Haupt aus inneren Gründen Hartmann von Aue zugewiesen, wogegen sich allerdings immer wieder Zweifel geregt haben. Oder es wird ein Werk trotz vorhandenen Zeugnisses einem Verfasser abgesprochen, wie z. B. Pfeiffer (Germ. 3, 59) mit schlagenden Gründen nachgewiesen hat, dass der in der Pariser Liederhs. Gottfried von Strassburg beigelegte Lobgesang auf die Jungfrau Maria ihm nicht zugehören kann. Oder endlich es findet ein Zeugnis, dem nicht ohne weiteres volles Vertrauen zu schenken wäre, seine Bestätigung. Kommen bei der Vergleichung mehr als zwei Werke in Betracht, so ist man in günstiger Lage, wenn nur das eine fraglich ist, während bei den anderen die Identität des Verfassers schon feststeht. Schlimmer ist man daran, wenn der Zweifel sich auf eine Reihe von Werken erstreckt, zumal wenn dazu kommt, dass diese Werke von geringem Umfang sind, und dass kein zweifellos dastehender grösserer Kern vorhanden ist. In dieser misslichen Lage befindet man sich öfters in Bezug auf die Minnesinger. Schwer zu lösende Probleme bieten z. B. die unter dem Namen Dietmars von Eist überlieferten Lieder (vgl. Scherer, Deutsche Studien, II, 473 und PBB 2, 457). Man kann auch zwei an verschiedenen Orten überlieferte Stücke als Fragmente des gleichen Werkes erkennen, wobei dann aber ausser der Übereinstimmung in den charakteristischen Eigenheiten noch die inhaltliche Beziehung der Stücke zu einander in Frage kommt. Diese inhaltliche Beziehung kommt gleichfalls immer mit in Betracht, wenn es sich darum handelt, ob etwas, was als ein zusammenhängendes Werk überliefert ist, in allen seinen Teilen von dem gleichen Verfasser herrührt. Erschwert wird in einem solchen Falle die Untersuchung namentlich dadurch, dass die Grenzen nicht von vornherein gegeben sind, bis zu denen eventuell die Thätigkeit des einen oder des anderen reicht. Dadurch, dass man diese erst zu bestimmen hat, ist auch der Willkür in der Geltendmachung von Übereinstimmungen und Verschiedenheiten ein viel weiterer Spielraum gegeben. Unter den in § 33 unterschiedenen Fällen ist derjenige am leichtesten zu erkennen und am einfachsten zu beurteilen, dass ein unvollendetes Werk von einem anderen Verfasser fortgesetzt ist. Viel misslicher steht es mit der Ausscheidung von Interpolationen, wofern dieselben nicht von grösserem Umfange sind. Vollends gewagt muss ein Experiment erscheinen, wie es z. B. Lachmann an dem Nibelungenlied vorgenommen hat. Selbst wenn die zugrunde liegende allgemeine Voraussetzung über die Entstehungsweise des Gedichtes erwiesen wäre, so müsste es doch zweifelhaft erscheinen, ob es auch der schärfsten Beobachtung gelingen könnte, bei dem anerkanntermassen traditionellen Stilcharakter 20 verschiedene meist nicht sehr umfängliche Werke und dazu eine Menge eingestreuter grösserer und kleinerer Interpolationen zu unterscheiden. Lachmann hat nun auch nicht dasjenige Verfahren eingeschlagen, wodurch meiner Überzeugung nach allein ein Beweis hätte erbracht werden können: er hat es nicht versucht, was ihm auch niemals hätte gelingen können, nachzuweisen, dass die einzelnen von ihm unterschiedenen Particen des Werkes sich durch positive Eigenheiten von einander abheben. Die geringen Verschiedenheiten zwischen seinen Liedern sind erst durch eine ungleichmässige Herausnahme von angeblichen Interpolationen erzeugt.

Anders gestaltet sich die Verfasserfrage, wenn es sich darum handelt, ein Werk einer bestimmten Persönlichkeit zuzuweisen oder abzusprechen, von der uns kein anderes erhalten ist, das wir damit vergleichen könnten. Hier ist zu erwägen, ob Inhalt und Form des Werkes zu dem stimmt, was wir sonst von dem Charakter, den Fähigkeiten, der Bildung, der Gesinnung, dem Interessenkreise der fraglichen Persönlichkeit wissen. Indessen, so lange wir keine Kenntnis der schriftstellerischen Eigenheiten haben, fehlt doch das brauchbarste Kriterium. Eine negative Entscheidung lässt sich zwar unter Umständen mit grosser Sicherheit fällen, zu einer positiven genügen die Mittel selten. Man hat sich zwar oft bemüht, auf diese Weise einen Verfasser auszumitteln, ohne dass irgend welche Gewähr durch Zeugnisse gegeben war. Doch sind solche Versuche meistens als ganz müssig zu betrachten.

In den bisher besprochenen Fällen handelte es sich um die Individualität des Verfassers. Man kann aber auch, von dieser absehend, nach seiner Lebensstellung fragen, nach der Zeit seines Auftretens, nach dem Orte seiner Herkunft oder seiner Wirksamkeit und nach sonstigen Verhältnissen allgemeiner Art. Auch hierfür sind mit den äusseren Zeugnissen die von der Beschaffenheit der Werke hergenommenen inneren Gründe zu kombinieren. Auf die letzteren muss man sich bei der Untersuchung häufig auch dann stützen, wenn ein Verfassername gegeben ist, weil es mit Hülfe von Zeugnissen nicht gelingt, an denselben genügende Vorstellungen von der

Persönlichkeit anzuknüpfen. Die Methode, welche angewendet wird, um zu untersuchen, ob ein Werk einem zeitlich oder räumlich oder anderweitig begrenzten Kreise zugehört, ist von derjenigen nicht verschieden, durch welche über die Zugehörigkeit zu einer bestimmten Persönlichkeit entschieden wird. Dabei ist die Sicherheit des Urteils im allgemeinen eine grössere. Eine negative Entscheidung in Bezug auf Ort und Zeit ist natürlich auch negativ in Bezug auf die Individualität.

Bei einem Autor, der während seiner produktiven Epoche eine bedeutendere Entwickelung durchgemacht hat, kann man auch versuchen, das chronologische Verhältnis seiner Werke zu einander auf Grund ihrer Beschaffenheit festzustellen. Dabei ist man nicht bloss auf Gründe ganz allgemeiner Art angewiesen, wie grössere oder geringere Reife oder Spuren des Lebensalters in den Anschauungen etc., sobald wenigstens für einen Teil die Entstehungszeit auf Grund von zuverlässigen Zeugnissen feststeht. Dann kommt hinsichtlich der übrigen wieder die Methode der vergleichenden Charakteristik zur Anwendung. Ein Seitenstück zur Unterscheidung verschiedener Verfasser bei einem als Einheit überlieferten Werke bildet die Unterscheidung der einzelnen Partieen eines Werkes, an dem der Dichter lange gearbeitet hat, nach der Zeit ihrer Entstehung. Den Massstab dafür geben natürlich andere Produkte von ihm, über deren Entstehungszeit man im klaren ist. So hat namentlich Goethes Faust den Stoff zu derartigen Untersuchungen geliefert, und man kann sich danach ein Urteil bilden, wieweit man etwa auf diesem Wege zu sicheren Ergebnissen gelangen kann, wie sehr man sich auf der anderen Seite vor vagen Hypothesen hüten muss.

§ 41. Die Fäden, welche die einzelnen literarischen Erscheinungen unter einander verbinden, sind so mannigfach verschlungen, dass es dem Literarhistoriker grosse Schwierigkeiten macht, für sich selbst eine klare Anschauung davon zu gewinnen, und noch grössere, eine solche anderen in zusammenhängender Darstellung mitzuteilen. Jede Disposition, so grosse Vorteile sie auch gewähren mag, ist mit unvermeidlichen Nachteilen verknüpft. Man wird erst dann den Stoff recht in seine Gewalt bringen, wenn man bei wiederholter Durcharbeitung nach einander die verschiedenen möglichen Gesichtspunkte für die Anordnung auf ihn angewendet hat.

Wir können nach den einzelnen Persönlichkeiten ordnen. Eine solche Darstellung geht naturgemäss darauf aus, worin eben ihr eigentümlicher Vorzug liegt, die durchgehende Eigenart eines jeden Autors sowie die allmähliche Entwickelung seines Wesens zur Anschauung zu bringen. Sie wird versuchen, seine Leistungen in Zusammenhang mit seinen Lebensschicksalen und der Gesamtentwickelung seines Geistes zu setzen, also biographisch werden. Die Biographie wird aber nicht einmal ihren nächsten Zweck erfüllen, wenn sie die einzelne Persönlichkeit nicht auf dem Grunde der allgemeinen Kulturverhältnisse zeigt, in denen sie erwachsen ist. Es ist eine Hauptaufgabe für die wissenschaftliche Behandlung, das, was als eigentlich biographisches Material gegeben ist in zusammenhängenden Lebensbeschreibungen, einzelnen Notizen etc., nach dieser Seite hin zu ergänzen, ihm erst seinen rechten Inhalt zu geben auf Grund der allgemeinen Quellen, in denen sich gar keine direkte Beziehung auf die geschilderte Persönlichkeit zu finden braucht. So muss man sich ein Bild von der Umgebung machen, in welcher dieselbe aufgewachsen ist und später gelebt hat, was teils durch unmittelbare Anschauung, teils durch Nachbildung und Schilderung geschehen kann. Die Landschaft muss dabei berücksichtigt werden, soweit sich Spuren von Empfänglichkeit dafür zeigen, wobei wir uns also vor der Anschauung hüten müssen, dass dieselbe ohne weiteres auf jeden

den gleichen Eindruck hat machen müssen wie auf uns selbst. Die häuslichen und geselligen Verhältnisse, die Berührungen mit dem öffentlichen Leben müssen beachtet werden. Insbesondere muss der Charakter der Bildungsanstalten untersucht werden, denen der Betreffende angehört hat. Von den Menschen, zu denen er in näherer Beziehung gestanden hat, muss man sich eine Vorstellung zu erwerben suchen, um danach eventuell ihren Einfluss abmessen zu können. Das gleiche gilt von den Büchern, von denen es feststeht oder wahrscheinlich ist, dass er sie gelesen hat. Wollte man aber für jeden einzelnen Autor eine detaillierte Schilderung aller Bedingungen seiner Entwickelung geben, so würde vieles bei einer Anzahl von Autoren wiederkehren. Ein solches Verfahren eignet sich also nicht für eine Gesamtdarstellung der Literatur.

Bei einer Anordnung nach Gattungen wird natürlich die Entwickelung dessen, was den besonderen Charakter einer jeden Gattung ausmacht, besonders klar hervortreten. Es kann dabei aber so manches andere, was von dem Gattungscharakter unabhängig ist, trotz des engen Zusammenhanges, in dem es steht, auseinander gerissen werden. Ob mehr die Nachteile oder die Vorteile dieser Anordnung sich geltend machen, das hängt von der Beschaffenheit der betreffenden Literatur ab. Einen grossen Gegensatz in dieser Hinsicht zeigen z. B. die altgriechische und die neuere deutsche Literatur.

Durch die Anordnung nach Landschaften fällt ein eigentümliches Licht auf manche Erscheinungen und die zwischen ihnen bestehenden Zusammenhänge. Sie eignet sich aber nicht als durchgehendes Prinzip für eine Gesamtdarstellung. Abgesehen davon, dass von den älteren Werken sehr viele überhaupt nicht mit Sicherheit einer bestimmten Gegend zugewiesen werden können, so steht zunächst der Wechsel des Aufenthaltsortes entgegen. Für sehr viele Autoren würde sich eine andere Einreihung ergeben, je nachdem man die Herkunft massgebend sein lässt oder den Ort, wo der Betreffende die entscheidende Richtung fürs Leben erhalten, oder denjenigen, an welchem er seine Hauptwirksamkeit geübt hat. Ausserdem aber ist zu keiner Zeit und am wenigsten in der neueren räumliche Entfernung ein Hindernis für tiefgreifenden Einfluss gewesen. Es sind daher nur immer gewisse Gruppen von Autoren, bei denen die Zugehörigkeit zu einer bestimmten Landschaft das eigentlich Entscheidende für den Charakter ihrer Produktionen ist. Schon etwas anders steht es mit dem literarischen Leben einer einzelnen Stadt, da hier in der Regel persönliche Berührung vorhanden ist, welche mitunter einen engen Zusammenschluss zur Folge hat, so dass sich Schulen mit bestimmten Tendenzen bilden. Solche Schulen sind aber nicht immer durch persönliche Beziehungen und noch weniger durch ein länger andauerndes Zusammenleben bedingt. Auch die Anordnung nach Schulen ist nicht für die Gesamtheit der Autoren durchzuführen, und wo eine solche versucht ist, ist es in der Regel nicht ohne Gewaltsamkeiten abgegangen, wie z. B. bei Gervinus. Immer gibt es solche Autoren, die eine mehr isolierte Stellung einnehmen, und solche, bei denen sich die Einflüsse verschiedener Richtungen kombinieren.

Die bestmögliche Gesamtübersicht wird jedenfalls nicht erreicht, wenn man sich mechanisch an ein bestimmtes Schema hält. Die Disposition muss den besonderen Verhältnissen in der geschichtlichen Entwickelung angepasst sein. In den Mittelpunkt müssen dabei nicht die Erzeugnisse selbst gestellt werden, sondern das ihnen zugrunde Liegende, dessen Manifestationen sie sind. Dieses ist es eigentlich, dessen Entwickelung man zu untersuchen hat. Will man die Geschichte einer Nationalliteratur von irgend einem Punkte an verfolgen, so hat man zunächst zu fragen: was war in diesem

Zeitpunkte in Folge der bisherigen Produktion an Stoffen und Formen geboten, so dass es zu jedermanns Verfügung stand, und wie war danach die Geschmacksgewöhnung des Publikums beschaffen? Man muss nun weiter jede Veränderung in dem zunächst vorgefundenen Zustande beachten, jede Bereicherung, Verarmung, Modifikation des Stoff- und Formenkreises etc. Die Bedeutsamkeit, die man dem einzelnen Werke beilegt, richtet sich dabei nicht nach seinem absoluten Werte, noch weniger nach dem Werte, welches dasselbe etwa für uns hat, sondern nach dem Grade, in dem es zu einer derartigen Veränderung beigetragen hat. Es handelt sich also darum, wieweit es eigenartig gegenüber dem schon Vorhandenen ist, und wieweit diese Eigenart in die Entwickelung des Ganzen eingegriffen hat.